人力资源管理实务

贾在伟　迟焕兵　赵双双◎著

中国商业出版社

图书在版编目（CIP）数据
人力资源管理实务 / 贾在伟，迟焕兵，赵双双著.
北京 : 中国商业出版社，2024. 9. -- ISBN 978-7-5208-3146-8
Ⅰ. F243
中国国家版本馆CIP数据核字第2024KX6093号

责任编辑：许启民
策划编辑：武维胜

中国商业出版社出版发行
（www.zgsycb.com　100053　北京广安门内报国寺1号）
总编室：010-63180647　编辑室：010-83128926
发行部：010-83120835/8286
新华书店经销
廊坊市旭日源印务有限公司印刷
*
787 毫米×1092 毫米　16 开　12.5 印张　189 千字
2024 年 9 月第 1 版　2024 年 9 月第 1 次印刷
定价：55.00元
* * * *
（如有印装质量问题可更换）

前言

PREFACE

人力资源管理既是一门科学，也是一门艺术。从科学性角度看，人力资源管理尚未完全标准化；从艺术性角度看，人力资源管理充满新奇挑战。加之如今商业环境快速变化，人力资源管理的即时性、工作的场景感和颗粒感也将大大提高。

如何将人才招进来、留下来，让企业人力资源池充满生机与活力，是每家企业长久发展的重中之重。有效的人力资源策略不仅能吸引和保留顶尖人才，还能激发员工潜力，推动组织发展。在这种形势下，无论是企业管理者还是人力资源专员，都需要进行思维和认知的升级。《人力资源管理实务》便是一部为人力资源专业人士、企业管理者以及对人力资源管理感兴趣的读者精心打造的新指南。

本书共分为八章，内容涵盖人力资源规划、职位分析、人力资源招聘、员工培训与开发、绩效管理、薪酬管理、职业生涯管理、劳动关系管理等各个方面。每一章都精心设计，旨在帮助读者理解人力资源管理的核心概念，并掌握将这些概念应用于实际工作的方法。

本书秉承着两个重要原则：一是系统思考、整体视角；二是分步实施、点状发力。系统思考、整体视角体现在本书从系统化、流程化角度出发，全面阐述了人力资源管理体系；分步实施、点状发力体现在本书注重实用细节，提供了大量案例研究和实用工具，使读者能够立即将所学知识应用于解决工作中遇到的具体问题。无论是新入行的人力资源专员，还是寻求提升管理技能的资深经理，都能在本书中找到宝贵的资源。

在阅读本书的过程中，我们希望读者能够建立起对人力资源管理的全面认识，学习到如何在不同情境下运用人力资源策略以及如何通过人力资源管理提升组织效能。

目 录

CONTENTS

第一章 人力资源规划

第一节 人力资源规划概述

一、人力资源规划的含义

一个组织为了更好地发展,会制定其发展的总体规划,这个总体规划通常涉及人、财、物等多个方面的子规划,如财务规划、市场规划、技术研发规划等,人力资源规划也是其中的一个重要方面。人力资源规划是组织为实现其总体发展目标,在科学预测、分析组织所处环境中的人力资源需求和供给状况的基础上,制定必要的政策、采取相应的措施,以确保组织在需要的岗位上获得需要的人力资源(数量和质量)的过程。这一定义包含以下四层意思。

(一)人力资源规划是为了实现组织的总体发展目标

人力资源规划是组织总体规划的重要组成部分。因此,在制定人力资源规划时要以组织总体目标为导向,人力资源规划要服从和服务于组织总体规划和战略规划。

(二)人力资源规划是在充分考虑内外环境变化基础上制定的

组织的内外环境是影响甚至决定其经营成败的重要因素,组织的人力资源规划工作需要充分考虑组织内外环境中的各类因素。由于这些因素是不断变化的,所以组织的人力资源规划并非一旦制定就永远不变的。组织在进行人力资源规划时需要对这些变化的环境因素进行科学预测和分析,并在此基础上采取措施以确保组织在近期、中期和远期都能获得有效的人力资源补充。

（三）组织内人力资源供需不平衡是常有的，组织应有持续有力的措施来应对

组织中的人力资源状况总是在不断发生变化，比如，业务规模的扩大会导致人力资源需求增加，业务规模的收缩会导致人力资源过剩；先进管理理念和经营技术的引入会导致人力资源需求发生变化，组织中常见的人员调动、升迁、退休、离职等也会产生结构性不平衡等。因此，组织应当对人力资源的供需平衡问题予以持续关注，并采取有效的措施来应对，以确保其相对平衡。

（四）人力资源规划应在组织目标和员工利益方面实现双赢

组织在进行人力资源规划时，不能只考虑组织目标的实现，也要考虑员工个人的发展。组织应当为员工的自我发展创造良好的条件，通过满足员工的内在需要进而调动他们的积极性、主动性和创造性，最终实现组织的经营目标。组织应当关心每一个员工的利益诉求和发展需要，引导他们在实现组织目标的同时实现个人的自我价值，否则组织可能无法长期获得所需要的人力资源。[①]

二、人力资源规划的内容

人力资源规划主要有两种：一是组织人力资源的总体规划，它是根据人力资源管理的总目标制定的总体人力资源数量、质量，包括需求量和供给量的预测、做出预测的依据、供求比较结果、供求平衡的指导原则和总体政策等。二是在总体规划指导下的各种专项业务规划，常见的有补充规划、配置规划、晋升规划、培训与开发规划、绩效管理规划、薪酬规划、员工关系规划、职业生涯规划八种（见表1-1）。

表1-1　人力资源规划的内容

名称	解释	作用	与其他规划的关系
总体规划	根据人力资源管理总目标制定的组织总体人力资源数量、质量	从总体上满足组织发展对于人力资源的需求	统筹、指导其他业务规划；其他业务规划要服从总体规划的安排

①倪春丽，刘贻新．人力资源管理[M]．北京：高等教育出版社，2024.

续表

名称		解释	作用	与其他规划的关系
专项规划	补充规划	根据组织运转的情况，合理地在中长期把组织所需数量、质量的人员填补在可能产生空缺的岗位上	应对正常的人力损耗；改善组织的人力资源结构	包含晋升规划（内部补充）；包含配置规划（水平补充）；涉及培训规划和员工关系规划；与职业生涯规划交叉
	配置规划	对中长期内处于不同岗位或工作类型上、但属于同一层级的人员的分布状况进行规划	保证组织保持一定强度的水平流动；培养多面手；工作轮换激励人员，等待上层空缺；超员时平均工作负荷	是一种水平的补充规划；涉及培训规划（转岗位培训）；涉及员工关系规划；可能与职业生涯规划交叉
	晋升规划	根据组织人员分布状况和层级结构制定的人员提升政策和方案	体现组织注重员工能力的理念；改善劳动投入的经济性；激励员工	是一种垂直的补充；需要培训规划先行；涉及员工关系规划；可能与职业生涯规划交叉
	培训开发规划	为了对某些岗位进行人才储备和提高岗位适应能力而设计的规划	为重点岗位储备人才，空缺时可迅速填补；改善个人与岗位要求的匹配关系	是所有业务规划都会涉及的内容；发生在补充、晋升及配备之前；是职业生涯规划的重要实现手段；涉及员工关系规划；是保证绩效管理规划实现和解决不良绩效结果的手段
	绩效管理规划	管理者和员工关于工作目标和标准的契约制定及执行过程	确保组织绩效的实现；给员工努力提供导向和辅导	涉及培训规划和员工关系规划；为职业生涯规划提供参考建议
	薪酬规划	对组织未来一个周期内工资总额及分配、结构、增长率等做出的安排	有效控制人工成本；保持工资增长率低于劳动生产增长率；有效地激励员工	伴随着晋升规划而发生；受绩效管理规划结果的制约；影响员工关系规划；是职业生涯规划的重要通道之一
	员工关系规划	对员工与员工之间的关系、员工与组织之间的关系进行规划	提高员工满意度和忠诚度；降低离职率和投诉率	与各种子规划均紧密相关
	职业生涯规划	对员工工作生涯的规划	稳定员工预期，提高忠诚度；开发员工潜力；把个人发展与组织发展结合起来	会经历补充、配备、晋升等多种规划；其实现需要培训开发规划来保证

三、人力资源规划的作用

一般情况下,可以从两个方面考察人力资源规划的作用:一是在组织整体运营中的作用;二是在人力资源作业活动中的作用。

(一)人力资源规划在组织整体运营中的作用

人力资源规划在组织整体运营中起着重要作用,因为它决定着组织中的关键投入资源——人力资源的数量和质量水平,而人力资源的状况又决定着组织的运营绩效和最终目标的实现。具体来说有以下四个方面。

1. 确保组织发展所需的人力资源获得

人力资源是组织中能动性最强、最具核心意义的投入要素,组织只有拥有充足的人力资源,才能确保其合理发展。但是,组织所面临的内外环境是不断变化的,比如从外部环境来说,政府出台的用人政策、最低工资标准限制、社会总体人力资源供给水平、现有人口的技能结构状况等都会对组织的人力资源需求和供给产生影响;从组织内部环境来说,组织业务的变化、经营理念的改进、生产技术的进步等也影响着组织的人力资源赋存和需求状况。只有通过人力资源规划,才能实现对组织未来人力资源需求与供给的有效预测,进而采取措施确保供需平衡,保障组织发展中所需要的人力资源数量与质量。

2. 有效促进组织战略目标的实现

科学的人力资源规划有助于高层管理者了解组织目前和未来的各种人才余缺情况,并根据这个情况考虑人员的补充、培训、抽调,帮助他们进行科学决策。总之,人力资源规划需要以组织的战略目标、发展规划和整体布局为指导,同时,科学的人力资源规划又有助于促进战略目标和发展规划的顺利实现。

3. 人力资源规划有助于组织人工成本的控制,有效降低组织的运营成本

在当前组织管理中,成本控制是一项重要的管理工作。在组织诸多成本中,人工成本是重要的组成部分;人工成本中最大的支出项目是薪资,而组织薪资总额在很大程度上取决于组织中不同岗位和级别人员的分布状况。一般来说,组织发展初期,由于人员数量较少、管理人员较少、高级别员工数量不足等原因,组织的人工成本在组织总体成本中所占的比重并

不高。但是,随着组织的发展,组织员工的数量不断增多,员工的职位和技能级别在不断提升,组织在人工方面的成本可能会很快上升,如果组织不采取适当的办法予以控制,那么就可能使人工成本超过组织所能承受的范围。科学的人力资源规划就是要对组织内的人员结构、岗位分布等方面进行合理规划,科学地控制组织的用人成本。同时,在进行人力资源规划时,组织还可以对其外部人力资源的供给状况进行充分了解,充分运用供求规律,给组织内部的特定岗位制定合理的薪酬水平,这样既可以确保稀缺人才薪酬的竞争性,又可以确保一般人员薪酬在低成本范围中的运作。通过对组织人力资源状况的了解和预测,制定出合理的人员流动标准,在组织内部造成一定的竞争压力以提高员工的工作效率;通过降低招聘成本、安置成本和培训成本使人力资源总成本降低,进而推动组织的发展和壮大。

4.为员工描绘美好前途,稳定员工预期

科学的人力资源规划能为员工提供较为明确的发展前景与路线,使员工将自身目标与组织发展目标进行有效结合,并使员工知道该如何在组织的成功中去发展自身,有效激励员工做长期打算,稳定员工预期,让他们对组织保持长期的信心。

(二)人力资源规划在人力资源作业活动中的作用

在所有人力资源管理活动中,人力资源规划处于统领地位,它的工作成效会影响整个人力资源管理的工作效果。具体来说有以下三个方面。

1.人力资源规划有利于人力资源管理活动的有序化

人力资源规划是组织人力资源管理的基础,类似组织管理职能中的“计划”职能,对组织总体人力资源管理工作有着典型的指导意义。它能为组织确定人员的需求量、供给量、调整岗位和任务等提供可靠的信息和依据,进而保证管理活动的有序化。如果没有人力资源规划,或者人力资源规划工作做得很糟糕,那么组织在从事后续人力资源管理时就缺乏一个总体纲领。如果无法明确何时需要补充人员、需要进行何种培训以及如何开展绩效管理等,组织的人力资源管理工作就可能具有很大的随意性和混乱性,无法有效保障组织目标的实现。

2.人力资源规划是人力资源管理的各项业务活动的纲领

人力资源管理工作有很多内容,它们分别承担着不同的管理职能,为了做好这些工作，人力资源管理者也会分别制订不同作业活动的各种业务规划。人力资源管理的总体规划是人力资源管理部门的整体工作安排，既要反映各作业活动的内在逻辑联系，又要避免各项职能在不同工作中的重复。对于人力资源专项业务规划来说，要充分考虑到各项业务活动在整体工作中的作用和地位，从组织的实际情况出发，对各项活动进行长期、中期、短期的合理安排，以确保各项业务活动有效、顺利开展。

3.人力资源规划与相关作业活动的具体关系

(1)人力资源规划与薪酬管理的关系

人力资源需求与供给预测的结果可作为薪酬规划制订的依据，而组织在制订人力资源规划时也需要考虑组织的薪酬管理政策。制订人力资源规划时，会对人力资源的数量和质量进行预测，进而可以对薪酬的总体水平进行预测，或者在预定的薪酬总体水平下设定合理的薪酬结构。在薪酬政策既定的情况下，组织可以依据薪酬政策来预测组织未来的人力资源供求状况，进而采取合理的措施予以平衡。比如，如果组织的薪酬没有足够的吸引力，组织要想从外部市场中获取足够的人力资源可能需要多付出一些努力；而在组织内部，薪酬高的岗位的供给量可能会多于薪酬低的岗位。

(2)人力资源规划与招聘的关系

人力资源规划与招聘工作的开展有着紧密关系，员工招聘决策中的每一个要素都可能与人力资源供求预测有关。比如，如果人力资源供求预测是平衡的，组织可能就不用开展招聘活动；组织内部的人力资源供给若能满足其需求，组织可能会优先考虑内部招聘；如果组织内部人员的供给不足，则必须开展外部招聘，很显然，组织采取何种形式的招聘、招聘什么样的人等，都与人力资源规划的结果相关。

(3)人力资源规划与员工配置的关系

员工配置是将合适的人放到合适的岗位上去，是组织对内部人员采取晋升、调动、降职等方法开展的人力资源作业活动。员工配置与组织很多因素都有关系，如业务的变化、组织结构的变动、员工的个人表现等；而人力资源规划也是其中一个重要的原因。当科学的人力资源预测结果出来后，组织可以根据现有人力资源的分布状况，以重新分配人力资源的分布，实现人力资源配置与组织发展需要的匹配。

(4)人力资源规划与员工培训的关系

人力资源规划与员工培训的关系主要体现在人力资源的质量方面。在员工培训时,首先需要知道员工是否需要培训,接着需要弄清楚培训谁、培训什么、如何培训等,而这一切决策的依据主要是从人力资源规划中来。在人力资源预测中,可以知道组织的发展需要什么样的人,而招聘的人如果无法满足这种需要,那么培训的需求就产生了。组织可以在人力资源预测的基础上,科学制定培训策略,提高组织内部供给的质量,有效增加组织内部供给。

(5)人力资源规划与绩效管理的关系

人力资源规划需要以绩效管理尤其是考核作为重要的依据。通过对员工工作业绩以及态度能力的评价,组织可以对每个员工的工作状况进行准确衡量,对该员工与岗位的匹配性进行判断,进而对岗位的空缺(包括数量与质量)状况进行预测,这是需求预测的一个重要数据来源。同时,可以通过绩效考核发现组织内部哪些人员具备从事特定岗位的素质和能力,这又成为供给预测的重要途径。

(6)人力资源规划与员工解聘的关系

员工解聘的情况与人力资源规划也紧密相关。通常来说,员工解聘的原因是组织在人力资源预测中发现需求小于供给,或者是现有人力资源的质量难以符合组织的发展需要而又难以通过培训和开发手段来进行调整时,组织都会通过解聘多余人员或者技能难以达标的人员来实现组织人力资源的供求平衡。

当然,人力资源的规划也与员工关系、职业生涯规划等活动紧密相关。表1-1中反映了它们之间的关系。

四、人力资源规划的过程

一般来说,人力资源规划的过程可以包括五个步骤:准备阶段、预测阶段、措施制定阶段、措施实施阶段、反馈与评估阶段。

(一)准备阶段

这个阶段的主要工作是调查、收集、整理和分析与组织人力资源有关的各类信息。这些信息大致可以分为三个方面:一是外部环境信息,包括宏观经济形势、行业经济形势、技术的发展状况和劳动力市场等;二是内部环境信息，包括组织战略规划、战略规划的战术计划、组织结构和现有生产技术等；三是组织现有人力资源信息，包括员工数量、员工素质、员工结构和员工满意度等。

这些信息是人力资源预测的数据基础，这个阶段的信息收集越准确，后边的预测和措施决策就越科学。组织可以通过构建人力资源信息系统来实现信息的收集。

（二）人力资源供求预测阶段

在充分掌握人力资源信息的基础上，采用各种有效方法和技术对组织在未来一段时期中的人力资源需求与供给状况进行预测，是人力资源规划的核心部分，也是技术要求最高的部分，供求预测的准确性直接决定着人力资源规划的成败。

它主要分为两个方面的预测：一是需求预测，通过需求预测要能得出组织在员工数量、组合、成本、新技能、工作类别等方面的需求，以及为完成组织目标所需的管理人员数量和层次的列表。二是供给预测，又分为内部供给预测和外部供给预测，是通过分析组织结构、人员流动、年龄变化和录用比例等资料，预测出未来某个特定时刻的人力资源供给情况的过程。关于如何进行具体预测，本章第二节有详细介绍。

（三）人力资源供需平衡策略制定和人力资源规划制订阶段

在人力资源供求预测的基础上，组织应当考虑的问题是如何实现供求平衡，使组织未来的人力资源需求得到满足。人力资源供求平衡问题直接关乎组织经营目标能否实现，因此在策略的制定过程中要尽量小心谨慎。

通常来说，前一阶段的人力资源供求预测的结果可能有四种较为典型的情况存在：一是人力资源供不应求；二是人力资源供大于求；三是人力资源供给与需求之间的结构关系失调；四是人力资源供给和需求保持基本平衡。这四种情况中，前三种是常见的情况，第四种情况较少出现，即使出现也是短期平衡。这是因为，组织的内外环境总是处于不断变化中，组织的人力资源供求状况也总是处于变化中。所以，在制定应对策略时，既要考虑组织发展的总体战略，也要考虑组织所处的内外环境，采取灵活多变的形式有效应对不同的局面。

在人力资源方案制订时，要考虑注意人力资源规划与组织战略规划和其他规划之间的相互关系，确保总体规划和专项规划、各个专项规划之间的相互协调和衔接，在充分考虑组织的目标、资源限制等基础上，制订出可行性高、经济性良好的人力资源规划方案。

（四）人力资源供需平衡策略的实施和人力资源规划的执行

有了良好的策略和完善的方案后，还要具体实施以确保组织目标的实现。在策略实施和方案执行的过程中，要注意以下几点：一是要有专人负责方案的实施并赋予相应的权利；二是要给予方案实施所必需的资源和条件；三是确保方案的完全执行而不打折扣；四是定期报告方案实施的进展和实施过程中遇到的问题，做好控制工作，确保方向不偏离。

（五）反馈与评估阶段

对人力资源策略和规划方案的实施效果进行评估是整个规划过程的最后一步。由于预测有许多假定情况，而在实际执行中这些情况未必成立或可能会发生变化，因此预测的结果不可能完全准确。因此，人力资源规划也不可能完全符合实际情况，它是一个开放的动态系统。

人力资源规划的反馈和评估包括两层含义：一是对实施过程的反馈和评估，要确保策略和规划方案的执行与实际内外环境相一致；二是对预测的结果和策略与规划方案本身的反馈和评估，即看预测得是否准确、导致准确与否的原因是什么，或者制定的策略是否有效，导致有效与否的原因是什么等，其目的是找出人力资源规划中存在的问题，总结有益的经验，为以后的规划提供借鉴和帮助。

第二节　人力资源供求预测

人力资源供求预测是人力资源规划工作中的关键环节，包括对人力资源的需求进行预测和对供给进行预测两个方面。

一、人力资源需求预测

人力资源需求预测是对组织在未来某一特定时期内所需要的人力资源数量、质量和结构进行的估计。这里所说的需求是完全需求，是不考虑组织现有人力资源状况和变动情况下的需求。如果要计算净需求，则要用完全需求减去实际供给之后方能得出。比如，A企业现有员工200人，假设该企业的业务并不扩大，明年的人力资源需求量仍然是200人；由于明年有10人会退休，所以明年企业实际供给只有190人，其净需求量为10人。

（一）人力资源需求的影响因素

对人力资源需求产生影响的因素有很多，常见的因素有以下六种。

1. 组织发展战略和经营计划

组织发展战略和经营计划会对组织的人力资源需求产生决定性影响。如果组织的发展战略是快速扩大组织规模，其人力资源需求量必然很大；如果组织的经营计划有所调整，比如改变现有经营领域或缩减经营规模，组织需要的人力资源质量、数量和结构都可能会跟着调整。

2. 组织的业务要求

如果组织的业务量增加，所需要的人力资源数量就越多；如果组织的业务质量要求提升，组织所需要的人力资源数量可能也会跟着提升。

3. 生产技术水平和管理方式的变化

当组织提高生产技术水平时，可能会增加对人力资源质量的要求而减少对数量的要求；当组织的管理方式发生改变时，也可能对组织人力资源的需求产生影响。

4. 员工的工作量和工作效率

如果当前员工的工作量不够饱满，则组织人力资源需求的数量可能会减少；员工的工作效率提高，也可能减少人力资源的需求数量。

5. 员工的流动率

如果组织员工的流动率较高，则人力资源的缺口就比较大，数量需求可能也就高；反之，低流动率则可能导致低需求量。

6. 组织的财力状况

组织的财力状况也是影响人力资源需求的重要因素，如果组织的财力雄厚，能支持多数量和高质量的人力资源状况，那么它的需求就可能较高；反之则可能较低。

需要说明的是，上述各种因素都是在假定其他因素不变的情况下，仅由此因素对人力资源规划所产生的影响。如果是多个因素共同作用，则可能产生不一样的效果。比如,虽然组织的业务量增大了,但是组织采用了先进的生产技术,则可能它们共同产生的作用相抵,组织的人力资源需求状况还会和以前一样。[①]

(二)人力资源需求预测的方法

人力资源需求预测的方法可大致分为两种:一种是定性预测法,另一种是定量预测法。定性预测法我们介绍经验推断法和德尔菲法;定量预测法介绍趋势外推法、比率分析法和回归分析法。

1. 定性预测法

(1)经验推断法

如果组织所处的环境较稳定,组织规模较小时,可以使用经验推断法来进行需求预测。其步骤通常为:①由企业高层提出指导性建议;②各个基层管理者根据自己的经验和对未来业务量的估计,提出本单位各类人员的需求数量和相关要求,报上一级管理者;③由上一级管理者估算平衡,再报上一级的管理者,直到最高层管理者作出决策;④人力资源管理部门根据最高层管理者的决策作出预测。

这种方法简单易行,运作成本较低,能够快速得到预测结果。但是其缺点也很明显,就是不够精确,对管理人员的要求较高,且一些管理人员可能存在多报需求量的倾向,导致预测结果存在瑕疵。该方法通常用来进行短期预测、局部预测和小规模预测。

(2)德尔菲法

德尔菲法也称集体预测方法。它是在组织中组成一个专门的预测机构,其中包括预测组织者和若干专家,按照规定的程序,“背靠背”地征询专家对未来人力资源需求的意见或者判断,然后进行预测的方法。这里的预测组织者通常是组织内人力资源管理部门的管理人员,专家可以是组织内部基层的管理人员,也可以是高层经理;既可以来自组织内部,也可以来自组织外部。这种方法充分发挥了专家的专业知识,且因为各位专家“背靠背”所以也避免了权威影响,是集合了诸多专家的理性决策,因此通常预测质量较高;但是它耗时耗力、预测成本高昂,且存在预测结果不能收敛的风险。因此,组织应根据实际需要来考虑是否选择这个方法。通常,它可以用来进行中长期预测和大范围内的预测。

①许志星. 数字人力资源管理[M]. 北京:北京师范大学出版社,2024.

德尔菲法的操作步骤如下。

第一步,成立预测组织小组。后续工作由预测小组负责开展。

第二步,根据自身情况,在组织内外广泛选择专家。选择时要注意,这些专家必须懂得人力资源预测的知识或专长,掌握有不同的专业技能,能从不同视角对人力资源状况进行预测。要求各位专家“背对背”,也就是除了自己外,并不知道别人还有谁参加了这次预测。选定专家后,预测小组需要分别向各位专家说明预测的重要性和注意事项,取得专家对预测的理解和支持,同时通过审视组织战略目标以及与各位专家的交流,确定预测的方向,解释变量和关键点。

第三步,准备预测所需背景材料。制作问卷或预测工具。

第四步,向各位专家分别发放预测问题和准备好的背景材料。请各位专家在背靠背的方式下独立分析材料、作出预测,并将预测结果返回给预测小组。发放和回收材料的方式可以是邮件、网络等。这是第一轮意见调查和反馈。

第五步,预测小组对各位专家的意见归纳汇总,检查大家的预测结果是否趋于一致。如果趋于一致,调查到此结束,可将大家的结果作为预测的结果。但通常在第一轮中都不会一致,于是需要展开第二轮调查与反馈。

第六步,将第一轮归总的意见和新补充的背景材料反馈给各位专家,请各位专家根据其他人的意见和新补充的材料,作出第二轮预测结果。反馈意见时,仍然需要保证“背靠背”,保障各位专家独立得出预测结果。这是第二轮意见调查和反馈。

第七步,重复第五、第六步,直到取得一致的结果。

德尔菲法使用的注意事项:人力资源部门提供的背景材料要充分,包括已经收集的历史资料和有关的统计分析结果,目的是使专家们能够作出比较准确的预测;所提出的问题应该尽可能简单,目的是保障专家们不会因为产生歧义而得出不利于预测目标的结果;对于专家的预测结果不要求精确,但是要专家们说明对所作预测的肯定程度;组织者要确保“背靠背”,也就是保证专家表达意见的独立性。

2. 定量预测方法

(1)趋势外推法

趋势外推法也叫趋势预测法,是指组织根据过去几年的人员数量,分析其未来变化趋势，并以此预测组织未来某个时期的人力资源需求数量。预测时，以时间为自变量，某个时间点的人力资源需求量作为因变量，假设过去的人力资源变化趋势不变，且组织所面临的其他影响因素不变。很显然，这种方法有较大的局限性，通常只适合于经营稳定的组织或者环境稳定的情况下，作为辅助性工具使用。

（2）比率分析法

这种方法是根据过去的经验，把组织未来的业务活动水平转化为人力需求的预测方法，通常用于短期预测。其原理是借助劳动生产率和组织业务总量之间的关系来对所需的人力资源数量进行折算的一种方法，三者之间存在以下关系：

业务总量 = 人力资源数量 × 劳动生产率

对于不同类型的组织，该公式可能有不同的表达形式，比如：

产量 = 人力资源数量 × 人均生产率

或者：

销售收入 = 人力资源数量 × 人均销售额

稍作处理，可以得到人力资源需求量：

人力资源需求量 = 业务总量 ÷ 劳动生产率

（3）回归分析法

在实际工作中，对人力资源需求产生影响的因素有很多，往往难以用某一种因素来判断人力资源需求的走势。此时，可以用回归分析法来进行预测。这是统计中常用到的一种分析方法，其原理是找出那些与人力资源需求关系密切的因素，并依据过去的相关资料确定出它们之间的数量关系，建立一个回归方程，然后再根据这些因素的变化以及确定的回归方程来预测未来的人力资源需求。

按自变量个数，回归分析法可以分为一元回归预测和多元回归预测；按自变量和因变量之间是否存在直线关系，可分为线性回归预测和非线性回归预测。为了简化分析，我们这里只介绍一元线性回归分析预测。

一元线性回归分析预测法，是根据自变量x和因变量y的相互关系，建立x与y的线性回归方程进行预测的方法。其步骤如下。

第一步，确定预测目标和影响因素，收集历史统计资料。

第二步，建立一元线性回归方程：

$$y = a + bx$$

式中y表示预测值,x表示自变量;a、b表示回归参数。

第三步,计算a、b的值,常用的公式为:

$$\sum y = na + b\sum x$$

$$\sum xy = a\sum x + b\sum x^2$$

第四步,用回归方程进行预测。

二、人力资源供给预测

人力资源供给预测是对组织在未来某一特定时期能够提供给自己所需的人力资源数量、质量和结构进行预测。一般来说,人力资源供给预测可分为外部供给预测和内部供给预测。

(一)外部供给预测

外部供给预测是指对组织以外能够提供给组织所需要的人力资源的质和量的预测,主要的渠道是外部劳动力市场。从根本上说,组织中的人力资源最初都是来自组织外部,它是任何组织都必须依赖的人力资源补充渠道。因此,合理地对外部供给进行预测是保证组织正常发展、节省人力购置成本的重要手段。但是,由于外部供给无法为组织所掌握,因此对其分析时要建立在信息充分收集的基础上。

1. 外部劳动力市场的分类和获得渠道

外部劳动力市场通常可以分为四类:蓝领员工市场、职员市场、专业技术人员市场、管理人员市场。这些劳动者可以通过不同的渠道获得。当前我国多数组织在获得这些劳动力时通常都依赖如下渠道:①政府主办的劳动力市场,主要是劳动部门主办的职介机构和人事部门主办的人才市场;②行业、团体主办的劳动力市场;③大型企业主办的劳动力市场;④街道社区主办的劳动力市场;⑤民营中介组织;⑥其他。

2. 外部人力资源供给的影响因素

外部人力资源供给状况受到国家甚至世界政治、经济、社会文化、技术等因素的影响,在进行外部人力资源供给预测时,通常需要分析如下影响因素。

(1)人口因素

人口因素是指本组织可以获取外部人力资源的地域范围内,有多少人口资源以及人口资源的结构等因素。具体来说,这方面的因素首先要考虑该地区的人口资源总量以及人力资源所占的比例;其次要考虑该地区人力资源中,不同年龄、性别、受教育程度、经验与技能等方面的人所占的比例。

(2)经济与教育状况

一般来说,一个地区的经济越发达,对外地人力资源的吸引能力就越强,则本地区的劳动力补充就越多;一个地区的教育状况越好,政府在教育方面的投入越多,则该地区的人力资源数量和质量可能会更好。

(3)劳动力市场状况

一个地区的劳动力市场中的结构、择业观、平均劳动力价格等都会影响人力资源的供给状况。比如,如果蓝领工人比例较小,则建筑行业的劳动力供给堪忧;如果大多数人不愿意进入服务业,则餐饮、酒店等组织的招工就会很困难;如果劳动力平均价格太低,可能很多人不愿意替其他人工作……

(4)政府相关政策的影响

比如,政府是否允许外地人或外国人在本地就业,是否对他们加入本地就业领域进行了限制,是否在人们就业年龄方面给予了规定,是否给予了特别的劳动安全保障等,都会影响一个地区的外部人力资源供给。

(5)组织自身的吸引力与竞争对手的措施

如果组织自身的吸引力较强,则愿意加盟本组织的外部人力资源可能也越多,如组织的规模、知名度、薪酬福利、所处行业等都是重要的吸引因素;同时,竞争对手也在人力资源的争夺方面会对本组织产生重要影响。

(二)内部供给预测

内部人力资源是组织内部人力资源供给的主要来源,多数组织在进行人力资源预测时,都首先要考虑组织的内部供给状况。在内部分析时,主要通过对现有人力资源存量和它未来的变化情况进行判断。

1. 内部供给预测分析的内容

(1)现有人力资源分析

这是对现有人力资源的数量、质量等进行的分析。与组织中其他资源不同,组织的人力资源即使在别的条件都保持不变的情况下,也可能发生变化。比如,人的年龄的增长、人的身体素质的变化、人的学识和经验的增长等。因此，在进行现有人力资源分析时，重点要对组织中现有人力资源的年龄、性别、身体状况、学习、技能提升等状况进行分析，以更加准确地获知人力资源的供给状况。

（2）员工流动分析

员工的流动主要分两种情况：一是组织内现有员工的流出，如员工的退休、离职、意外死亡或工伤等，都可能导致组织现有人力资源减少。在分析人力资源的这种流失时，可以用流失率指标来进行科学衡量，其公式为：

员工流失率 = 某一时期离开组织的员工人数 ÷ 同时期组织平均拥有的员工人数 × 100%

二是员工的内部流动，即一些岗位上的员工流动到其他岗位上去了。这种流动虽然没有对组织的人力资源总供给产生影响，但是影响到了供给结构，它可能导致一些岗位、层次的人力资源过量，而另一些岗位或层次的人力资源不足。对于一些特定的岗位，可以分析其潜在供给量来分析其供给量。比如，某经理岗位的候选人有哪些，以此来判断该岗位有多少供给量。

（3）员工质量分析

如果员工的学识增多、技能增加、经验更丰富等，那么员工的质量可能会升高。对员工质量分析主要是考察组织内部人力资源的供给质量。需要注意的是，员工质量的变化会对数量的变化产生一定替代作用。比如，员工素质提升后，其工作效率提高，他现在可以做的工作是以前工作的1.5倍，那么这就意味着他能替代掉半个原先水平的员工。

2. 内部人力资源供给的方法

（1）人事资料清查法

这是对组织中现有人力资源的数量、质量、结构和在各职位上的分布状况进行检查，以明确组织现有人力资源的状况。在进行人事资料清查时，通常可以借助技能清单。技能清单是由人力资源管理部门所设计的一种能全面反映一个员工工作能力特征信息的表格，可以反映员工的工作经验、受教育程度、特殊技能、竞争能力等与工作有关的信息，以帮助人力资源规划人员估计现有员工调换工作岗位的可能性大小和决定哪些员工可以补充当前空缺岗位。

这一方法常作为一种辅助性的方法,通常用作对管理人员置换、人力接续等提供更为详细的质量上的参考。在使用这个方法时,通常需要设计科学的人事资料清查表。当前随着计算机的普及使用,可以通过计算机来记录组织现有人力资源的状况,并且可以随时更新。

(2)人力接续法

这是根据工作岗位的需要,在明确特定岗位对员工的要求基础上,通过对组织现有员工的考察,为这些岗位安排接续、继任计划的方法。具体来说,这类方法又有两种:一是继任卡方法,主要用于管理者的内部接续管理,如表1-2所示;二是员工接续计划,主要用于一般员工的接续管理,如表1-3所示。该方法强调计划的整体性和一致性,即计划要与组织内外部各个方面协调一致。

表1-2　管理人员继任卡示例

<table>
<tr><td colspan="6">该栏填写现任者晋升的可能性,可以用符号或颜色显示。如A(红色)表示应该立即晋升;B(黑色)表示随时可以晋升;C(绿色)表示1～3年内可以晋升;D(黄色)表示3～5年内可以晋升</td></tr>
<tr><td colspan="6">该栏填写现任者的职务。如CEO、部门经理、客户经理等</td></tr>
<tr><td colspan="3">该栏填写现任者的年龄,以确定何时退休</td><td colspan="2">该栏填写现任者的姓名</td><td>该栏填写现任者任现职的年限</td></tr>
<tr><td rowspan="3">继任者</td><td>继任者1</td><td>姓名</td><td>年龄</td><td>现任职务</td><td>晋升可能性(用符号或颜色表示)</td></tr>
<tr><td>继任者2</td><td>姓名</td><td>年龄</td><td>现任职务</td><td>晋升可能性(用符号或颜色表示)</td></tr>
<tr><td>继任者3</td><td>姓名</td><td>年龄</td><td>现任职务</td><td>晋升可能性(用符号或颜色表示)</td></tr>
<tr><td colspan="2">紧急继任者</td><td>姓名</td><td>年龄</td><td>现任职务</td><td>列入晋升计划的时间</td></tr>
</table>

表1-3　员工接续表

<table>
<tr><td colspan="2">人力资源输入</td><td rowspan="2">组织或职位上现有员工人数</td><td colspan="8">人力资源输出</td></tr>
<tr><td>外部招聘</td><td>内部晋升</td><td>A</td><td>B</td><td>C</td><td>D</td><td>E</td><td>F</td><td>G</td><td>N</td></tr>
<tr><td>X</td><td>Y</td><td>M</td><td>A</td><td>B</td><td>C</td><td>D</td><td>E</td><td>F</td><td>G</td><td>N</td></tr>
</table>

(3)马尔科夫分析法

马尔科夫分析方法通常称为转换矩阵方法,其思路是找出过去人力资源供给变化的规律,以此来预测人力资源的变化趋势。在分析时,通过不同工作岗位的变动情况来调查员工的发展模式，显示员工留任、升降职、进出比率的人数。对人员变动概率的估计，一般以5年到10年为一个周期来估计年平均百分比，周期越长，这一百分比的准确性越高。

该方法的步骤是：①根据历史数据推算出各类人员的转移率，得出转移率的变动矩阵；②统计初始时刻的各类人员分布状况；③建立模型，预测人力资源供给状况。

马尔可夫分析法虽然在一些国际性的大企业中得到较为广泛的应用，但它本身也有缺陷，因为它将以前的人员流动概率直接当成未来流动概率，很显然这是不符合实际情况的。因此，使用这种方法得到的预测结果就可能会不精确，其最大的价值在于提供一种内部人员流动的分析框架。

三、人力资源供需平衡

人力资源预测的结果可能有四种：供大于求、供小于求、总量平衡但结构不平衡、供求基本平衡，其中第四种情况很少遇到，多数时候人力资源的供求处于不平衡状况。此时，组织应当采用一定的办法来平衡供求。

（一）供大于求的策略

所谓供大于求，是指预测的结果是未来人力资源供给大于需求，此时组织可以根据自身情况，从供和需两方面采取措施。

1. 需求方面可以采取的措施

在需求方面，要让富余员工有事可做，主要的措施如下：①扩大经营规模，或开拓新的增长点，增加人力资源需求量。比如，开拓市场，从地理上或细分市场上扩大经营空间；或者进行多元化经营或跨行业经营，由新规模和新业务来安置富余员工，并发挥他们的才智。②对富余员工实施培训，即增加培训人员的需求，减少对现有岗位的人员供给。这事实上是在储备人才，为组织的长远发展做准备。

2. 供给方面可以采取的措施

在供给方面可以采取的措施有：①削减工作时间，实行工作分享，削减薪酬福利，以这些手段来促进人力资源供给的减少；②直接裁员、鼓励员工提前退休或者待岗等，这些做法虽能取得直接效果，但是因为通常会提高失业率，给社会带来不安定因素，通常会受到政府的限制；③停止招聘，通过自然减员来减少人员供给。

(二)供小于求时的策略

所谓供小于求,是预测未来的人力资源供给小于需求,此时的组织仍可以从供和需两方面采取措施。

1. 需求方面可以采取的措施

在需求方面,主要的做法是想办法减少组织对人力资源的需求,可以采取的办法如下。

第一,提高现有员工的工作效率。由于每个员工的工作效率提高了,所以可以替代一部分新增的员工需求数量。提高员工工作效率的方法有很多,如改进或引进生产技术、改变管理策略或改善工作程序、增加工资、进行技能培训等。

第二,增加员工工作时间。比如加班,单个员工做的事情比原来更多,可以有效减少对人力资源的需求。但是通常不能单纯要求员工付出更多的工作时间,而需要在精神方面给予鼓励,或在物质方面予以较高待遇,或者两者兼而有之,否则容易导致员工的不满和离职,扩大员工缺口。

第三,引进新技术或改进新技术,减少组织对人力资源的依赖性。比如引进机器人生产,购进自动化设备等,都可以有效减少对人工的需求量。

第四,可以将组织的部分业务进行外包,交给外部的专业公司去承担,可以有效减少内部人力资源需求量。

2. 供给方面可以采取的措施

在供给方面,要想方设法增加供给。常见的措施如下:①从外部雇用人员。包括返聘退休人员、招聘实习生、兼职人员、临时工等,这是最为直接的一种方法。②培训现有员工。使他们掌握多项技能,能在不同岗位之间实行相互支援。③留住员工。增加员工满意度,降低员工的离职率,同时进行内部调配,增加内部的流动来提高某些职位的供给。

(三)结构性不平衡的策略

所谓结构性不平衡,是指数量上平衡,但存在一些岗位人数供过于求,而另一些岗位人数供小于求,或者是供给的质量与需求的质量不匹配。此时可以采取的策略如下:①开展内部人员的重新配置。如通过晋升、调动、降职等手段弥补那些空缺的岗位,满足这部分的人力资源需求。②展开有针对性的专门培训,使那些技能不能胜任岗位的富余员工掌握足够技能,以满足空缺岗位的需要。③进行人员的置换。对于组织中不需要的那些人员予以辞退,重新补充组织需要的人员,确保人员结构的合理性。

第二章 职位分析

第一节 职位分析概述

一、职位分析基础知识

（一）职位分析的概念

职位分析又被称为工作分析、岗位分析或职务分析，是人力资源管理体系中的一项基础性工作，一个组织是否进行了职位分析以及职位分析质量的高低都对人力资源管理的各环节具有重要的影响。

职位分析的概念有广义和狭义之分。广义的职位分析包括组织分析、机构分析和职位分析三个层次；而狭义的职位分析仅涉及对特定职位的工作内容、任职条件及该职位与其他职位的工作关系进行描述，是制定职位说明和工作规范的系统过程。职位分析的结果，通常是制作出一份翔实而合理的职位说明书。在职位说明书中，通常应该包括两个部分的内容：一是对岗位本身的描述；二是对该岗位的用人要求提出说明。前者常被称为职位描述；后者常被称为任职资格。

具体来说，职位分析就是要为人力资源管理活动提供与特定职位有关的各种信息，这些信息可以被概括为6W1H。

1.What：这个职位是做什么的？工作内容是什么？

2.Who：什么样的人能承担这个职位？

3.When：关于这项工作的时间安排是怎样的？

4.Where：这个职位的工作在哪些地方开展？

5.Why：为什么要设置这个岗位？或者为什么要开展这个工作？

6.For Whom：这个职位的工作是对谁服务的？或者对谁负责？

1.How：如何开展职位工作？

（二）需要进行职位分析的时机

一般情况下，如果发生了以下三种情况，应当进行职位分析：①组织新成立，或进行了组织变革、导致了组织结构调整或工作流程变化时；②当组织开拓新业务、扩大规模、多元化经营等产生了新岗位时；③当组织的内外环境发生了变化，比如引入了新的管理理念、新的作业技术等，导致组织原有职位的工作性质和工作内容发生改变时。

（三）职位分析中的相关术语

在职位分析时常会用到一些专业术语，这些专业术语的含义与人们的日常理解不尽相同。为了科学有效地进行职位分析，我们必须准确理解这些术语。常见的术语有工作要素、任务、职责、职权、职位、职务、职业、职位分类等。

1. 工作要素

工作要素是指工作中不能再继续分解的最小动作单位。它可以用来描绘某个工作的单个动作，比如接话员拿起听筒接听电话、财务人员使用计算器、司机拿出钥匙启动机动车、砖工用砖刀削去砖头的多余部分等，都是工作要素。工作要素处于较低层级的职位分析范围，一般只有在制造行业中为了制定操作性工作的动作标准，工艺人员分析工人的动作或者进行规范操作工作程序时才会用到。

2. 任务

任务是为达到某一特定目的所从事的一系列活动，它可以由一个或多个工作要素构成。比如，为了将幼儿园小朋友安全送到家，校车司机的任务就涉及检查车辆安全、引导上车、安排座位、启动车辆、安全驾驶、到点下车等多个工作要素。任务可细分出活动、活动程序、要素等更细微的单元，各种任务有大有小、有难有易，所需时间长短不一。比如，同样的一次飞行任务，演习中的飞行和战斗中的飞行肯定是不一样的。当在组织中有足够量的任务需要一个人承担时，就产生了工作岗位。

3. 职责

职责是组织要求的在特定岗位上需要完成的某类工作任务的集合。比如，车工的职责是加工零件并进行质量检测、机床设备的维护与保养；程序员的职责是程序的编制、实现软件的功能；办公室秘书的职责是负责接听电话、文件收发、办公室杂事等。

4. 职权

要完成工作，就需要有一定职权，否则工作完成不了。职权就是依法赋予的完成特定任务所需要的权力。比如要让程序员完成编程工作，他有使用计算机和相关软件的权限；管理人员要完成相关管理工作，他有下达命令和调配人手的权力等。

5. 职位

职位就是岗位。它是组织要求个体完成的一项或多项责任以及为此赋予个体的权力的总和，是组织的基本构成单位。职位与个人是一一匹配的，也就是有多少职位就有多少员工，两者的数量相等。当员工数量少于职位，组织就发生了缺编现象；当员工数量多于职位，就是超编现象。职位强调的是“事”，是因事设岗，不是因人设岗。例如，人力资源部经理就是一个职位，无论是谁拥有这个职位，他们所承担的工作职责和职权都是一样的。

6. 职务

职务是指组织中具有同等垂直位置的一组工作岗位的集合或统称。例如，公司的生产部经理、质管部经理、设计部经理是三个不同的职位，但都属于部门经理这个职务。可见，一个职务可能包含多个职位。

7. 职业

职业是对不同组织甚至不同时期从事相似活动的工作总称，如医生、教师等。

8. 职位分类

从横向上区分组织中的职位，可以分为职系和职组；从纵向上区分组织中的职位，可以分为职级与职等。

(1)职系

职系是指工作性质大体相似，但工作责任和难易程度不同的一系列职位，如人力资源助理、人力资源专员、人力资源经理、人力资源总监就是一个职系。

(2)职组

职组是若干工作性质相似的职系所组成的集合，也叫职群，如小学教师、中学教师、大学教师就组成了教师这个职组。

(3)职级

职级是指将工作内容、难易程度、责任大小、所需资格皆很相似的职位划为同一职级,实行同样的管理使用与报酬。比如,初级钳工、中级钳工、高级钳工就是钳工职系的不同职级,同一职级可以进行同样的管理和使用,并给予同等报酬。

(4)职等

不同职系间,工作困难程度、责任大小、所需资格差不多类似的归纳为统一职等。例如,行政体系中,设置的科级、处级、厅级等就可以使不同部门间的人员在权力、地位、待遇上相互参考比较。①

二、职位分析的作用

职位分析的作用可从两个方面来讨论:一是它对组织一般管理的作用;二是它对人力资源管理活动的作用。

(一)职位分析对组织一般管理的作用

职位分析对组织一般管理的作用表现在三个方面:一是对组织分析的作用;二是对直线管理者的作用;三是对员工的作用。

1. 职位分析对组织分析的作用

职位分析详细地说明了各个工作的特点及要求,界定了工作的权责关系,明确了工作群之间的内在联系,从而奠定了组织结构设计的基础。

通过职位分析,尤其是广义的职位分析,可以全面揭示组织结构、层级关系对工作的支持和影响,为组织结构的优化和再设计提供决策依据。

职位分析还与劳动定编和定员工作有着非常紧密的联系。定编是指合理确定组织机构的结构、形式、规模以及人员数量的一种管理方法。定员是在定编的基础上,为组织每个工作配备合适人选的过程,而如何定编、定员,都需要职位分析工作的大力支持。

2. 职位分析对直线管理者的作用

职位分析对直线管理者的作用表现在两个方面。

(1)有助于他们科学设计和优化工作流程

职位分析,有助于使各直线管理者加深对工作流程的理解,及时发现

①林丽琼,许皓,张云. 人力资源管理理论与实践创新研究[M]. 北京:中国书籍出版社,2024.

工作中的不足和问题，并有针对性地进行优化和流程改造，以提高工作的有效性。

（2）帮助直线管理者对属下员工进行科学评估

职位分析，有助于直线管理者根据职位分析的结果来科学考评下属员工的绩效，并根据他们的能力和状况重新部署人力资源的分配，也有助于各位直线管理者对下属设定科学的工作目标。

3.职位分析对员工的作用

职位分析，有助于员工完善本人工作技能和方法。职位分析，有助于员工反省和审查自己的工作内容和工作行为是否符合组织要求，并以职位分析的结果为目标，加强学习提升自己各项工作技能，不断改善自己的工作行为，以确保组织目标更好地实现。

（二）职位分析对人力资源管理活动的作用

职位分析在组织人力资源管理活动中起着基础性作用。具体来讲，它在人力资源相关活动中的作用可以表现在以下五个方面。

1.职位分析对人力资源规划的作用

人力资源规划工作是人力资源管理活动的基础，它也与职位分析工作紧密相关。在进行人力资源规划时，很多需要借助职位分析的帮助。比如，在预测组织人力资源的供求状况时，经常会用到人事资料清查（技能清单）、人力接续、马尔科夫分析法等，这些方法都离不开清晰的工作层级关系和晋升、工作转换关系，这些都是职位说明书应该规定的。在预测需求时，对各个岗位上所需要的人力资源数量和质量都需要进行预测，而这与职位分析的结果紧密相关，尤其是任职资格条件是重要的参考。

2.职位分析对人员招聘的作用

在员工招聘时，需要对应聘人员提出招聘的条件限制，如何种学历、何种专业、何种技能水平、怎样的工作经验等，应聘者方可获得面试机会。这些条件主要来源于职位分析中关于任职资格的说明。因此，可以说职位分析是人员招聘的基础工作。

3.职位分析对人员培训与职业规划的作用

在培训与开发中，要保证培训的内容科学而有针对性，也需要借助职位分析的结果。职位分析能明确知晓各种岗位对人员的技能要求，如果发现在职的员工在某方面有所缺陷，那么就可以考虑展开有针对性的培训，减少培训的盲目性。同时,职位分析也可以对不同工作之间的关系予以阐明,这也有助于培训中向各位员工阐明,让不同岗位的人可以相互理解、相互支持,更好地实现组织绩效目标表。而在进行员工职业生涯设计时,职位分析还可以提供职业发展的路径与具体要求。

4.职位分析型对绩效管理的作用

在绩效管理尤其是绩效考评中,要有明确的考核指标,否则绩效考核工作将难以开展。而职位分析可以对不同岗位的工作予以阐述,提出"工作关键业绩指标"这一内容,这一内容既可以对考评人员从哪些方面予以考评进行指导,也能给每位工作人员的努力方向进行指引。在进行绩效考评时,可以根据职位分析的关键指标来进行考核。同时,如果职位说明书包含了"沟通关系"这一项目,就可以清晰地指明绩效考核的主体与考核层级关系,因为沟通关系中明确了汇报、指导与监督关系。

5.职位分析对薪酬管理的作用

在薪酬设计中,要科学规定不同岗位的薪酬待遇,而科学规定的基础是对各项工作有准确的理解。通过职位分析,能对各种工作进行深入理解,根据它们对组织总体目标实现的贡献大小、对任职人员的能力要求高低等方面,对各个岗位的价值大小进行评估,进而成为合理薪酬的依据。因此,职位分析为薪酬管理提供相关的工作信息,通过工作差别确定薪酬差别,使薪酬结构与工作挂钩,从而制定公平合理的薪资政策。

三、职位分析的原则

在进行职位分析时,应当遵循以下原则。

(一)系统性原则

组织中的每一个职位和工作都不是完全独立的,而是与其他岗位和工作密切相关。因此在进行职位分析时,不仅考虑该岗位本身的工作具有何种特点以及这些特点对就职人员提出了怎样的要求,还需考虑该工作与相关工作岗位的关系,其他岗位对该职位提出了哪些要求,从组织整体上把握该职务的特点以及对任职人员的要求。

(二)动态性原则

随着组织内外环境的变化,组织中同一个岗位的工作内容、任职要求可能也会发生变化。因此,在进行职位分析时不仅做静态考虑,还应当根据情景的变化而不断做出调整。职位分析是一个“与时俱进”的过程。

（三）目的性原则

职位分析的内容非常广泛，其用途也非常多。我们在进行职位分析时可能会基于不同的目的，不同目的引导下的职位分析重点应当各有侧重。比如，如果职位分析的目的是明确工作职责，那么职位分析的重点就应该考虑工作范围、工作职能、工作任务的界定；如果是为了甄别人才，那么职位分析的重点就在于任职资格的确定；等等。总之，应当根据职位分析的目的来决定职位分析中要开展哪些工作。

（四）岗位性原则

职位分析是分析岗位而不是分析人，其分析重点应该放在岗位任务、工作范围等方面，而不是分析岗位上的某个人现在如何。所以，职位分析要从组织对岗位的要求出发，避免出现现任岗位员工的素质、绩效影响了岗位任职人员应有的素质、绩效要求的情况。

（五）参与性原则

虽然职位分析主要是人力资源管理部门的工作，但这项工作的完成要由组织中所有部门的共同参与方能完成。因此，在进行职位分析时，要邀请组织中各个部门尤其是高层管理者和各业务部门的大力配合，只有获得他们的支持，才能达成预期的效果。

（六）应用性原则

职位分析并不仅是为了获得职务说明书或者任职资格要求等这样的书面文件，还是要将它用于指导组织中人力资源管理或其他各个方面的管理工作。比如，在人事招聘、培训、绩效考核等工作中，甚至是组织结构变革的过程中，都可能需要职位分析结果的支持。组织在相关工作中要充分应用职位分析的结果，这样一方面能有效提高相关工作的效率，另一方面有助于职位分析工作的实际应用。

四、职位分析的程序

由于不同的组织有不同的工作种类，各个组织由于战略、性质以及实施职位分析的目的等都有可能有所不同，因此，各组织实施职位分析的流程也不一样。一般情况下，职位分析的一般流程可分为六大阶段：计划阶段、工作设计阶段、信息收集阶段、信息分析阶段、结果表达阶段和职位分析结果应用及评价阶段。

（一）计划阶段

计划阶段可算是实施职位分析的准备阶段，其主要任务是明确是否有职位分析的必要、职位分析的目的是什么、在多大范围内展开职位分析、制订“职位分析工作计划书”并报上级部门批准。在获得上级部门批准后，可组建职位分析小组，开始展开具体的工作。在这个阶段，下面四项工作尤其重要。

1.明确是否有必要展开职位分析

职位分析是需要耗费组织时间、人力、物力、财力、精力的工作，如果不需要进行职位分析时就不要展开相关工作。因此，进行职位分析的第一步，就是要弄明白是否有展开职位分析的必要。前文已经说明组织在何时应当进行职位分析，应当结合这些情况根据自身实际确定是否有必要展开职位分析。

2.确定职位分析的目的

做任何工作都需要弄清楚为什么而做、做这个工作要达到何种目的。在决定了有必要做职位分析工作后，就需要弄清楚本次职位分析的目的是什么，它将用于何种用途，因为这些决定了在调查、分析过程中要收集何种信息、如何收集信息、形成何种分析结果、如何使用结果等后续工作。

3.确定职位分析的范围

并非所有职位分析都有必要在全组织范围内展开。在职位分析目的的指引下，职位分析的实施者应弄清楚在多大范围内展开职位分析工作，是在整个组织中开展，还是在某个部门中开展，还是仅仅分析某类具体工作。一般来说，这个工作是由人力资源管理部门来做，他们在明确了职位分析的范围后，同时还要编写职位分析计划，对职位分析的原因、目的、涉及范围、时间和资金预算等进行说明，并提交组织高层审批。

4.组建职位分析小组

当职位分析计划书获得上级批准后，要组建职位分析工作小组，后边的职位分析工作就交由该小组来具体负责实施。一般来说，这个小组可能有三种情况：首先是组织内部的人力资源管理部门，他们抽调人手组建工作小组，并协调组织内其他相关部门人员配合支持；其次，实施主体也可以是组织内部各部门，这些部门对自己所属工作比较熟悉，由他们在人力资源管理部门的指导下进行职位分析工作，也能得出比较科学的结论；最后，还可以将该工作外包，交由组织外边的专业机构进行分析，组织内部的人力资源管理部门和各相关部门进行配合协助。

（二）工作设计阶段

在前面工作的基础上，负责实施职位分析的工作小组要对今后工作的具体展开进行具体谋划。本阶段的工作主要有两类：一类是对后续工作进行具体规划设计，如确定职位分析对象，明确所需要收集的信息及信息收集的方法，计划各项工作的具体时间安排和人员分工等；另一类是准备各项分析工具和表单，如访谈提纲撰写、问卷调查表的制作和测试等。

（三）信息收集阶段

职位分析是在大量信息收集的基础上开展的，因此为了确保后续工作的开展，本阶段进行各方面信息的收集。各相关人员按照拟订的计划，用设计好的方法和工具，多渠道收集各种需要的信息。常见的信息收集渠道有：首先是内部文件的查阅，如组织结构图、工作流程图、相关规章制度、之前制定的职位说明书等；其次是咨询相关人员，如组织的内部管理者或相关同事，也可以是组织外部的人力资源管理专家；最后是收集组织外部同行业的相关政策、规定，参考其他组织中的相关岗位情况等。各种渠道能获得不同的信息，但是它们在成本、难度等方面也各有差异，任务的实施者要依据具体情况灵活使用。

（四）信息分析阶段

收集起来的信息可能是杂乱无章的，只有对所收集的信息进行核对、筛选、统计、分析、研究、归类，才能使其变成有用的信息。

1.信息分析需要分析的内容

一般情况下，此阶段需要分析的内容有：①职位基本信息，如职位名称、职位所在部门、职位等级等；②职位任务和工作程序等相关信息，如主要工作内容、工作范围、职权界定、工作设备和工具、工作流程等；③职位环境和关系等相关信息，如职位的工作场景、工作时间、工作条件、可能的职业病、与其他职位的关系、需要涉及的人际交往、管理状态等；④职位任职要求，如性别、年龄、学历等基本要求，经验、技能、专长等要求，体能、智能、健康状况等基本身体素质要求,政治思想状况、价值观、性格、气质、兴趣等心理素质要求,人际交往能力、团队协作能力等综合素质要求等。

2.信息分析的一般步骤

(1)分析部门工作任务清单,确定部门工作任务和权限

在信息分析的基础上,按照工作流程或者不同职位之间逻辑关系将整个工作团队或部门、组织的全部工作信息进行梳理,以得到部门的工作任务清单;在得到组织内部确认的情况下,进一步分析部门间的权限关系,以确认部门工作任务及权限分配。

(2)确定关键工作任务

针对部门内的每一职位,确认其工作任务清单,并根据工作任务的时间消耗在总作业时间中的占比、工作任务的相对重要程度等,以判断任务清单中的关键工作任务。

(3)得出任职资格条件

针对关键工作任务进行分析,确认该工作的任职资格条件。

(五)结果表达阶段

这个阶段的主要任务是在前面工作的基础上编写职位说明书,通常包括"职位描述"和"任职资格"。主要的工作有:①根据前面工作的结果草拟"职位描述"和"任职资格";②将草拟的"工作描述"与"任职资格"与实际工作对比;③根据对比结果判断是否需要修正以及如何修正,如果发现有太大出入,还需要考虑是否要补充调查获取新信息;④修订草稿,重复②③步的工作,直到得到相对满意的结果;⑤形成最终的职位说明书。

(六)职位分析结果应用及评价阶段

形成的职位说明书需要用于实践,否则职位分析就变得毫无意义。职位分析的最终结果要用于指导组织的人力资源管理工作,或其他组织管理工作。当然,在应用中也可能会发现职位分析的结果对实践的指导意义不够明显,这说明还需要对职位分析工作的有效性进行评价,通过评价发现职位分析工作中的可取之处和不足之处,为今后的职位分析工作改进提供帮助。

第二节 职位分析的方法

职位分析是一项技术性比较强的工作，所用到的分析方法有职位调查方法、职位界定方法、任职资格评定方法等。本节着重介绍职位调查方法。常见的职位调查方法有观察法、访谈法、问卷调查法、关键事件法、工作日志法、工作实践法、计算机职位系统分析法等。

一、观察法

（一）概述

观察法是指职位分析人员借用人的感觉器官、观察仪器或计算机辅助系统实地观察、描述员工的实际工作活动过程，并用文字、图表和流程图等形式记录、分析和表现有关数据。观察法主要适用于周期性、重复性较强的工作。

（二）分类

根据观察对象的工作周期和工作突发性的不同，观察法可以分为直接观察法、阶段观察法和工作表演法等。

1. 直接观察法

直接观察法是观察人员直接对员工工作的全过程进行观察，适用于周期很短的工作岗位。比如，多数时候的保洁员职位工作周期可视为一天，那么职位分析人员可以观察一位保洁员一天都做了哪些工作。

2. 阶段观察法

有些工作的周期较长，不能全程跟踪观察，此时就需要采用阶段观察法，也就是分阶段观察。比如，办公室文员，平时的工作和特殊时刻的工作可能不同，比如，年终时要筹备总结大会，那么在对办公室文员的工作进行观察时，就需要分平时和年终及特殊工作时刻分阶段观察。

3. 工作表演法

工作表演法用于工作周期很长和突发性事件较多的职位观察。比如，保安人员在从事保安工作时，除了每天的例行巡逻、检查外，可能还经常会遇到消防宣传、治安事件处理、公安机关工作配合等多方面工作，这些工作的观察如果使用前边两种方法，都可能无法获知工作的全貌，那么可以通过让保安人员表演相关活动的过程来对相关活动进行观察。

（三）观察法的实施

为了获得更好的观察效果，观察法通常需要分两阶段进行：一是观察设计；二是观察实施。观察设计是在观察工作开始前对观察工作的事前设计，目的是保障观察工作的有序进行，同时也确保观察内容不会被遗漏。观察设计阶段的工作主要包括两个方面：一是确定观察内容，以确保在后续观察行为中从哪些方面展开观察和记录；二是设计观察提纲或者观察记录表。观察实施是指正式进入观察阶段，做好观察设计后，在实施阶段按顺序进行观察即可。

（四）观察法的优缺点

优点：①能提供最直接的第一手资料，比其他途径获取的信息更有效；②能直观看到自然环境或工作场合中员工做什么及如何做等情况，在收集非语言行为资料方面优于其他方法；③观察法可以在工作过程中建立与任职者面对面的交流，在任职者对自我工作表述有障碍时，可通过形体语言给予解释，从而获得真实准确的信息。

缺点：①并非所有工作都可以用观察法来调查，一般来说，它更适合调查那些以体力为主的职位，而不适合调查以智力活动为主的职位；②观察的结果常用文字表述，不利于统计分析；③观察法比较费时费力，所观察的样本数量通常较少，难以保证信息资料的全面性和时效性。

二、访谈法

（一）概述

访谈法又称为面谈法，是由职位分析人员通过与有关人员或小组进行面对面的交谈，以获取与工作有关信息的方法。通过访谈，可以对任职者在工作态度、工作动机等深层次的问题进行了解，这样可以收集到一些用观察法等方法不能收集到的信息，这不仅可以作为职位分析的基础，也可以为组织其他管理工作提供帮助。

访谈法是目前在国内企业中运用最广泛、最成熟并且最有效的职位分析方法，也是唯一适用于各类职位分析的方法，尤其是对中高层管理职位的分析具有较好的效果。

（二）分类

访谈法的类型很多，比如，根据访谈的正式性，有正式访谈和非正式访谈之分，两者均可以不同程度地获得所想要了解的内容。根据访谈双方人数的多少和关系，有一对一访谈、一对多访谈，还可以是多对多访谈。根据访谈的结构化程度，可分为结构化访谈和非结构化访谈。前者的特点是按定向的标准程序进行，通常是采用问卷或调查表，能够收集全面的信息，但不利于被访谈者进行发散性思维表达；后者指没有定向标准化程序的自由交谈，可以根据实际情况灵活地收集工作信息，但信息缺乏完备性，等等。在实际访谈调查中，往往多种访谈方法同时使用。

（三）优缺点

优点：①能对工作者的态度、动机等不容易被直接观察到的深层次东西进行详细了解；②简单易行，适用面广；③可以相互交流，与任职者商讨职位的相关属性和特征，也可为任职者解释职位分析的必要性，获得他们的工作支持；④有助于和任职者进行广泛交流和深入沟通，建立良好的人际关系，倾听他们的呼声，减轻他们的压力，形成良好的组织人际氛围。

缺点：①对访谈者有较高的技术要求，如果由非专业人员访谈，可能会主导交流或被任职者主导，影响结果的准确性；②比较费时费力，成本较高；③如果受访者认为访谈与绩效考核或与薪酬调整有关，他们可能会故意夸大或弱化相关职责，导致调查的结果不准确。[①]

三、问卷调查法

（一）概述

问卷调查法是工作分析中广泛运用的方法之一，它是以书面的形式、通过任职者或其他相关人员单方面信息传递来实现的工作信息收集方式。问卷是问卷调查法使用的主要工具，是指为统计和调查所用的、以设问的方式表述问题的表格。通过科学的问卷设计，再以邮寄、个别分送或集体分发等多种方式，将问卷发放到受访者手中，要求他们按照要求填写问卷，调查者通过统计问卷以获得调查所需资料。

①靳娟．数字化人力资源管理[M]．北京：首都经济贸易大学出版社，2024.

（二）分类

问卷调查法可以分为不同类型。

按照问卷填答者的不同，可分为自填式问卷调查和代填式问卷调查。自填式问卷调查是将问卷交给受访者，由受访者自己填写问卷的调查方式。按照问卷传递方式的不同，可分为报刊问卷调查、邮政问卷调查和送发问卷调查。代填式问卷调查是访问者按照准备好的问卷向受访者提问，根据受访者的回答代为填写问卷的调查方式。按照与被调查者交谈方式的不同，可分为访问问卷调查和电话问卷调查。

按照调查的结构化程度，可分为结构化问卷调查和非结构化问卷调查。前者是在一定的假设前提下，多采用封闭式的问题收集信息；结构化的问卷具有较高的信度和效度，便于职位之间相互比较。非结构化问卷中的问题多是开放式的，可以全面、完整地收集信息，能够对不同的组织进行个性化设计，因此具有适应性强和灵活高效的优势，但与结构化问卷相比，随意性较强。

（三）优缺点

优点：①问卷调查费用低、速度快，受时间限制较少，受访者可以利用闲暇时间写，不影响正常工作；②问卷调查可以大范围调查、可同时分析很多员工，可用于多种目的、多样用途的职位分析；③员工有参与感；④比较规范化，容易量化、方便用计算机统计以提高效率。

缺点：①科学的问卷设计是一项高技术工作，对人力、物力、费用要求较高；②问卷不容易了解被调查对象的态度和动机等较深层次的信息；③被调查者可能会敷衍、不积极配合或者胡乱填写，同时问卷的回收率也难以保证；④问卷的大规模调查过程需要控制，否则可能会出现混乱或者因舞弊行为而出现虚假结论。

四、关键事件法

关键事件法是由美国学者弗拉赖根和贝勒斯在1954年提出的职位分析方法，是对工作过程中的“关键事件”进行调查、观察、记录和编码，进而对职位特征和工作要求进行分析研究的方法。

（一）关键事件的识别与记录

关键事件法的关键是识别某个职位的关键事件。所谓关键事件，是能对职位的工作成果产生决定性影响的行为特征或事件，它并不是工作的全部内容，而是工作中的典型事件。对于关键事件的识别不同，会导致不同的职位分析结果，因此对调查人员的专业水平要求很高，当然同时这也是关键事件法的缺陷。

在对关键事件进行调查和记录时，可以遵循STAR法，具体如下。

S：Situation，情境——这件事情发生时的情境是怎么样的。

T：Target，目标——他为什么要做这件事。

A：Action，行动——他当时采取什么行动。

R：Result，结果——他采取这个行动获得了什么结果。

采用关键事件分析法时应注意：关键事件应具有岗位代表性，数量不能强求，识别清楚后是多少就是多少；对关键事件的表述要言简意赅，清晰、准确；对关键事件的调查次数不宜太少。

（二）关键事件法的使用步骤

使用这个方法的步骤如下。

1. 识别职位关键事件

识别职位关键事件是第一步，首先要识别特定职位上的关键事件应当是什么。

2. 记录关键事件的信息和资料

在识别了关键事件后，就要按照STAR法对其进行记录，记录的信息应当包括：导致关键事件发生的前提条件是什么、原因是什么、关键事件的发生过程和背景是什么、员工在关键事件中的行为表现是什么、关键事件发生后的结果如何、员工控制和把握关键事件的能力如何等。

3. 描述职位特征，得出结果

在各项信息资料详细记录的基础上，对这些信息资料做出分类，并归纳总结出该岗位的主要特征、具体控制要求和员工的工作表现情况。

五、工作日志法

工作日志法是要求任职者在一段时间内实时记录自己每天从事的工作，形成某一工作职位一段时间以来发生的工作活动的全景描述。

工作日志的填写形式可以是不固定的，也可以由组织事先提供统一样式，让员工按要求填写。但不管如何，工作日志都要求可以随时填写，比如，每10分钟填写一次，或者每半个小时填写一次，而不能是下班前集中填写，因为这样可能会记录不全，或者赶着下班而填写不详。

工作日志法的优点是：随时记录，详尽可靠；成本低廉，经济有效；对员工有反省和总结、自我完善提高的功能。它的缺点主要表现为：员工随时填写，会影响工作；记录烦琐、统计复杂；主观记录，可能产生偏差。

六、工作实践法

工作实践法是由职位分析人员亲自从事所需研究的工作，亲身体验来收集相关资料。它的优点是能亲身体验获得第一手资料，更加准确了解工作的实际过程以及职位对任职者在体力、知识、经验方面的要求。其缺点是：通常只适合短期内可以掌握的工作或工作内容比较简单的工作，不适合需要大量培训和危险的工作。

七、计算机职位系统分析法

计算机职位系统分析法是指用计算机软件进行职位分析的方法。

在实践中，职位分析者应该根据分析的目的、职位的特点和组织的实际情况，科学合理选择上述职位分析方法，有效扬长避短，确保信息收集的准确性和全面性。

第三节　职位说明书的编写

一、职位说明书概述

职位说明书也称为职务说明书、岗位说明书或工作说明书，是通过职位描述的工作把直接的实践经验归纳总结上升为理论形式，使之成为指导性的管理文件。它是职位分析工作的结果，通常包含了职位描述和任职资格两个方面的内容。

职位描述主要是对职位的工作内容进行概括，主要内容包括职位设置目的、基本职责、职位权限、业绩标准、使用设备等内容。任职资格是对任职人员的标准和规范进行概括，通常包括该职位的行为标准，胜任职位所需的知识、技能、能力、个性特征以及对人员的培训需求等内容。

二、职位说明书的内容

职位说明书并不存在标准的格式版本，每个组织的职位说明书都可以有不同的样式和内容。在编写时，既可以用表格形式呈现，也可以用叙述形方式表示；内容表述要准确恰当，不能模棱两可；内容可简可繁，根据需要调整；应尽可能运用统一格式，注意整体协调，做到美观大方。

一般来说，职位说明书可能涉及的内容如下。

（一）职位标识

相当于职位标签，能将某一特定职位进行直观区分，通常的内容包括职位名称、职位所属部门、职位薪点、上下级关系等。

职位名称应简洁明了，尽可能全面准确反映职位的主要职责、内容，也容易让初次接触该职位的人通过名称了解该职位的工作内容。职位所属部门与组织结构的设计紧密相关，同一个职位，在不同的组织中可能分属于不同的部门。职位薪点可用于薪酬管理中的薪资等级界定。上下级关系也与组织结构有关，可以表明该职位与其他职位的指挥、汇报关系。

（二）职位概要

这是用一句话来描述该职位的主要工作职责。概要的描述应当是具体的、特定的，而不能写得虚无、笼统。比如，人力资源总监的职位概要可以描述为："规划、指导、协调公司的人力资源管理与组织建设，最大限度地开发人力资源，促进公司经营目标的实现和长远发展。"绩效考核主管的职位概要可以描述为："组织实施公司全员绩效评价制度及年度评价工作，保证评价工作的及时性和质量。"

（三）职位职责

这是对任职者在该职位上应当承担的具体职责、所需完成的职位活动或职位内容进行的描述。

职位职责描述通常需要分步骤进行。首先，要将职位所有工作活动划分为几项主要职责；其次，再将每一项职责进一步细分，分解为不同的工作任务；最后，进行归纳描述。比如，在对普通大学教师的职位进行描述时，首先，可以将其工作活动划分为教学、科研、学生指导和学校服务等几个大的方面；其次，在这几个方面再进一步分解，比如，将教学分解为了解学生状况、备课、授课、作业、考核等几个具体工作内容；最后，再对这些工作进行描述。

在具体描述时应当注意如下问题。

1.按照“动词＋宾语＋目的状语”的格式进行描述

比如，要描述人力资源部经理的人力资源战略工作的职责，可以描述为：“负责组织制定人力资源战略和人力资源规划，保证为公司的发展战略提供有效的人力资源支持。”其中，“负责组织制定”是动词，表示工作任务是如何开展的；“人力资源战略和人力资源规划”是宾语，表明活动的实施对象，这个对象既可以是人，也可以是物或事，此处的宾语有两个，可见工作内容可能不止一个；“保证为公司的发展战略提供有效的人力资源支持”是目的，是阐明实施前面动作的目的性。

2.准确使用动词

动词是职位职责描述的关键，必须准确使用动词。比如，上例在描述人力资源部经理的人力资源战略工作的职责时，如果描述为“负责人力资源战略和人力资源规划……”就不准确。虽然“负责”也是一个动词，但这个词所包含的意义比较广泛，它既可以是“负责制定”，也可能是“负责执行”，还可能是“负责统筹”，所包含的意义就不准确。因此一定要加上“制定”两个字。

（四）业绩标准

这是对每个职位应当做出何种成绩及如何判定任职者工作优劣的标准进行阐述。职位不同，所进行的描述也有所不同。在描述时应当尽可能量化，但并非所有职位都可以进行量化，在描述时要灵活处理。

（五）职位关系

职位除了要与上下级处理好直线关系外，为了保证工作顺利开展可能还需要处理好与其他相关岗位甚至是组织外部相关单位的关系。在这种关系描述时，需要阐明职位上的任职者会与哪些相关岗位打交道，会处理哪些关系，同时还需要对联系的频繁程度、每次接触的目的及这些关系的维护对组织的重要性进行说明。

（六）职位权限

职位权限是对职位的权限范围进行描述，如决策的权限、对其他人的监督权限、经费管理权限等。比如，是否有权批准下属的事假和病假、是否有权动用一定金额的经费开展业务等。通常包括如下三个方面。

第一，人事权限。如人员雇用、配置、考核、奖惩、考勤等方面的权限。

第二，财务权限。具体包括与业务有关系的财务权限，如物资采购；支持业务而开展的相关财务权限，如差旅费、招待费的报销等。

第三，业务权限。这是为了业务的开展必须具备的权力资源，如批准方案的实施，向上级提出的建议等。

（七）使用设备

使用设备是指该职位要顺利开展工作，需要使用哪些设施设备、工具仪器。

（八）工作环境和条件

工作环境和条件包括职位开展工作的时间要求、地点要求和工作的物理环境条件等。例如，室内工作还是室外工作，职位环境中是否有危险因素等。

（九）任职资格

任职资格是对胜任该职位的人应当具备的条件进行描述。通常包括对任职者的专业背景、受教育程度、工作经验、技能等方面的规定。

（十）其他信息

其他信息是对需要说明的其他情况进行的说明。①

①张小峰，吴婷婷．战略人力资源管理架构[M]．北京：中国人民大学出版社，2024.

第三章 人力资源招聘

第一节 人力资源招聘概述

一、人力资源招聘的含义

人力资源招聘是建立在两项工作基础之上的:一是组织的人力资源规划;二是工作分析。人力资源规划确定了组织招聘职位的类型和数量,而工作分析使管理者了解什么样的人应该被招聘进来填补这些空缺。这两项工作使招聘能够建立在比较科学的基础之上。

人力资源招聘,简称招聘,是"招募"与"聘用"的总称,是指在总体发展战略规划的指导下,根据人力资源规划和工作分析的数量与质量要求,制订相应的职位空缺计划,并通过信息发布和科学甄选,获得所需合格人员填补职位空缺的过程。招募与聘用之间夹着甄选。

二、人力资源招聘的意义

人力资源招聘在人力资源管理中占据十分重要的位置,它的意义具体表现在以下四个方面。

(一)招聘是组织补充人力资源的基本途径

组织内人力资源向社会的流动、组织内部的人事变动(如升迁、降职、退休、解雇、死亡、离职等)等多种因素,导致了组织人员的变动。同时,组织有自己的发展目标与规划,组织成长过程也是人力资源拥有量的扩张过程。上述情况意味着组织的人力资源总是处于稀缺状态的,需要经常补充。因此,通过市场获取所需人力资源成为组织的一项经常性任务,人力资源招聘也就成了组织补充人员的基本途径。

(二)招聘有助于创造组织的竞争优势

现在的市场竞争归根结底是人才的竞争。一个组织拥有什么样的人力资源,就在一定意义上决定了它在激烈的市场竞争中处于何种地位——是立于不败之地,还是最终面临被淘汰的命运。而对人才的获取是通过人才招聘这一环节来实现的。因此,招聘工作能否有效地完成,对提高组织的竞争力、绩效及实现发展目标,均有至关重要的影响。从这个角度说,人力资源招聘是组织创造竞争优势的基础环节。对于获取某些实现组织发展目标急需的紧缺人才来说,招聘更具有特殊的意义。

(三)招聘有助于组织形象的传播

研究结果显示,招聘过程的质量会明显地影响应聘者对组织的看法。许多经验表明,人力资源招聘既是吸引、招募人才的过程,又是向外界宣传组织形象、扩大组织影响力和知名度的一个窗口。应聘者可以通过招聘过程来了解组织的组织结构、经营理念、管理特色、组织文化等。尽管人力资源招聘不是以组织形象传播为目的的,但招聘过程客观上具有这样的功能,这是组织不可忽视的一个方面。

(四)招聘有助于组织文化的建设

招聘过程中信息传递的真实与否,直接影响着应聘者进入组织以后的流动性,有效的招聘既能使组织得到所需人员,也为人员的保持打下基础,有助于减少由于人员流动过于频繁而带来的损失,并有助于营造组织内的良好气氛,如能增强组织的凝聚力,提高士气,增强人力资源对组织的忠诚度等。

三、人力资源招聘的影响因素

招聘活动的实施往往受到多种因素的影响,为了保证招聘工作的效果,在规划招聘活动之前,应对这些因素进行综合分析。归纳起来,影响招聘活动的因素主要有外部影响因素和内部影响因素两大类。

(一)外部影响因素

1.国家的法律法规

国家和地方的有关法律法规和政策,是约束组织招聘行为的重要因素,从客观上界定了组织招聘活动的外部边界。例如,西方国家的法律规定,组织的招聘信息中不能涉及性别、种族和年龄的特殊规定,除非证明这些是职位所必需的。1994年通过的《中华人民共和国劳动法》是我国劳动立法史上的一个里程碑。以劳动法为准绳,我国已经颁布了一些与招聘有关的法律法规、条例、规定和政策,包括《中华人民共和国就业促进法》《就业服务与就业管理规定》《未成年工特殊保护规定》等。

2. 劳动力市场

由于招聘特别是外部招聘,主要是在外部劳动力市场进行的,因此市场的供求状况会影响招聘的效果,当劳动力市场的供给小于需求时,组织吸引人员就会比较困难;相反,当劳动力市场的供给大于需求时,组织吸引人员就会比较容易。在分析外部劳动力市场的影响时,一般要针对具体的职位层次或职位类别来进行。例如,当技术工人的市场比较紧张时,组织招聘这类人员就比较困难,往往要投入大量的人力、物力。

3. 竞争对手

在招聘活动中,竞争对手也是非常重要的一个影响因素。应聘者往往是在进行比较之后才作出决策的,如果组织的招聘政策和竞争对手存在差距,那么就会影响组织的吸引力,从而降低招聘的效果。因此,在招聘过程中,取得与竞争对手的比较优势是非常重要的。

(二)内部影响因素

1. 职位性质

空缺职位的性质决定了招聘什么样的人以及到哪个相关劳动力市场进行招聘,因此它是整个招聘过程的灵魂。另外,它还可以让应聘者了解该职位的基本情况和任职资格,便于应聘者进行求职决策。

2. 组织形象

一般来说,组织在社会中的形象越好,越有利于招聘活动。良好的组织形象会对应聘者产生积极的影响,引起他们对组织空缺职位的兴趣,从而有助于提高招聘的效果。例如,青岛海尔、联想集团等一些形象良好的企业,往往是大学生毕业后择业的首选。而组织的形象又取决于多种因素,如组织的发展趋势、薪酬待遇、工作机会以及组织文化等。

3. 招聘预算

由于招聘活动必须支出一定的资金,因此组织的招聘预算对招聘活动有着重要的影响。充足的招聘资金可以使组织选择更多的招聘方法,扩大招聘的范围,如可以花大量的费用来进行广告宣传,选择的媒体也可以是影响力比较大的;相反,有限的招聘资金会使组织进行招聘时的选择大大减少,这会对招聘效果产生不利的影响。

4.招聘政策

组织的相关政策对招聘活动有直接的影响,组织在进行招聘时一般有内部招聘和外部招聘两个渠道,至于选择哪个渠道来填补空缺职位,往往取决于组织的政策。有些组织可能倾向于外部招聘,而有些组织则倾向于内部招聘。在外部招聘中,组织的政策也会影响到招聘来源,有些组织愿意在学校进行招聘,而有些组织则更愿意在社会上进行招聘。

第二节　招聘渠道的类别及其选择

一、应征者的内部来源

实际上,企业中绝大多数工作岗位的空缺是由公司的现有员工填充的,因此公司内部是最大的招聘来源。在企业运用内部补充机制时,通常要在公司内部张贴工作告示,其内容包括工作说明书和工作规范中的信息以及薪酬情况,说明工作机会的性质、任职资格、主管的情况、工作时间和待遇标准等相关因素。这样做的目的是让企业的现有员工有机会将自己的技能、工作兴趣、资格、经验和职业目标与工作机会相互比较。工作告示是最常使用的吸引内部申请人的方法,特别适用于非主管级别的职位。在这一过程中,人力资源部门必须承担全部的书面工作,以确保遴选出最好的申请人。

内部补充机制有很多优点:第一,得到升迁的员工会认为自己的才干得到组织的承认,因此积极性和绩效都会提高;第二,内部员工比较了解组织的情况,为胜任新的工作岗位所需要的指导和训练会比较少,离职的可能性也比较小;第三,提拔内部员工可以提高所有员工对组织的忠诚度,使他们在制定管理决策时,能做比较长远的考虑;第四,上级对内部员工的能力比较了解,因此,提拔内部员工比较保险。

但是内部补充机制也有缺点:第一,那些没有得到提拔的应征者会不满,因此需要做好解释和鼓励的工作;第二,当新主管从同级的员工中产生时,同级员工可能会不满,这使新主管不容易建立领导声望;第三,很多公司的老板要求经理人张贴工作告示,并面试所有的内部应征者,然而经理人往往早有中意人选，这就使面试浪费很多时间；第四，如果组织已经有了内部补充的惯例，当组织出现创新需要而急需从外部招聘人才时，就可能会遭到现有员工的抵制，损害员工工作的积极性。

长期以来，尽管人们很想知道哪一种员工来源最可能创造好的工作绩效，但是现有的研究还无法精确地回答到底哪种工作应该采用哪种招聘来源。不过一般而言，内部来源的员工比外部来源的员工离职率要低，长期服务的可能性要大一些。当然，在内部补充机制不能满足企业对人力的需求时，就需要考虑在企业的外部劳动力市场进行招聘。

二、招聘广告

招聘广告是补充任何工作岗位都可以使用的方法，因此应用最为普遍。阅读这些广告的不仅有工作申请人，还有潜在的工作申请人以及客户和一般大众，所以公司的招聘广告代表着公司的形象，需要认真实施。

企业使用广告作为吸引工具有很多优点。第一，工作空缺的信息发布迅速，能够在一两天之内就传达给外界。第二，同许多其他吸引方式相比，广告渠道的成本比较低。第三，在广告中可以同时发布多种类别工作岗位的招聘信息。第四，广告发布方式可以给企业保留许多操作上的优势，这体现在企业可以要求申请人在特定的时间段内亲自来企业、打电话或者向企业的人力资源部门邮寄自己的简历和工资要求等方面。此外，企业还可以利用广告渠道来发布“遮蔽广告”。遮蔽广告指的是在招聘广告中不出现招聘企业名称的广告，这种广告通常要求申请人将自己的求职信和简历寄到一个特定的信箱。

使用招聘广告时要注意两点。第一，媒体的选择。广告媒体的选择取决于招聘工作岗位的类型。一般来说，低层次职位可以选择地方性报纸，高层次或专业化程度高的职位则要选择全国性或专业性的报刊。第二，广告的结构。广告的结构要遵循“AIDA”原则，即注意（attention）、兴趣（interesting）、欲望（desire）和行动（action）。换言之，好的招聘广告要能够引起读者的注意并产生兴趣，继而产生应聘的欲望并采取实际的应征行动。美国学者戈登（J.Gordon）、威尔逊（P.Wilson）和斯旺（H.Swann）通过对报纸读者的调查来了解企业招聘广告中各种信息的必要性，如表3-1所示，表中的数字是读者认为各种细节有必要的百分比。

表3-1 广告的必要内容

细节	细节的必要性/%
工作地点	69
任职资格	65
工资	57
职务	57
责任	47
公司	40
相关经历	40
个人素质	32
工作前景	8
公司班车	8
员工福利	6

企业的招聘广告应该向合格员工传达企业的就业机会，并为本企业塑造一个正面的形象，同时提供有关工作岗位的足够信息，以使那些潜在的申请人能够将工作岗位的需要同自己的资格和兴趣进行比照，并唤起那些最好的求职者的申请热情。这不仅适用于企业在外部劳动力市场进行招聘，也适用于企业在内部劳动力市场的招聘工作。

三、职业介绍机构

职业介绍机构的作用是帮助雇主选拔人员，节省雇主的时间，特别是在企业没有设立人事部门或者需要立即填补空缺时，可以借助职业介绍机构。但是，如果需要长期借助职业介绍机构，就应该把工作说明书和有关要求告知职业介绍机构，并委派专人同几家职业介绍机构保持稳定的联系。

四、猎头公司

猎头公司是一种与职业介绍机构类似的就业中介组织，但是由于它特殊的运作方式和服务对象的特殊性，经常被看作一种独立的招聘渠道。一个被人们普遍接受的看法是，那些最好的人才已经处于就业状态，猎头公司是一种专门为雇主“搜捕”和推荐高级主管人员和高级技术人员的公司，他们设法诱使这些人才离开正在服务的企业。猎头公司的联系面很广，而且它特别擅长接触那些正在工作并对更换工作还没有积极性的人。它可以帮助公司的最高管理者节省很多招聘和选拔高级主管等专业人才的时间。但是，借助猎头公司的费用要由用人单位支付而且费用很高，一般为所推荐人才年薪的1/4到1/3。

无论是借助猎头公司寻找人才的企业，还是被猎头公司推荐的个人，都需要注意许多问题。使用猎头公司的企业需要注意的是，第一，必须首先向猎头公司说明自己需要哪种人才及其理由。第二，了解猎头公司开展人才搜索工作的范围。美国猎头公司协会规定，猎头公司在替客户推荐人才后的两年内，不能再为另一个客户把这位人才挖走。所以，在一定时期内，猎头公司只能在逐渐缩小的范围内搜索人才。第三，了解猎头公司直接负责指派任务的人员的能力，不要受其招聘人物的迷惑。第四，事先确定服务费用的价格和支付方式。第五，选择值得信任的人。这是因为猎头公司为你搜索人才时不仅会了解本公司的长处，还要了解本公司的短处，所以一定要选择一个能够保密的人。第六，向这家猎头公司以前的客户了解其服务的实际效果。

五、校园招聘

大学校园是专业人才与技术人才的重要来源。在选择学校时，组织需要根据自己的财务状况和所需要的员工类型来进行决策。如果财务状况比较紧张，组织可能只在当地的学校中进行选择，而经济实力雄厚的组织通常会在全国范围内进行选择。

在大学校园招聘中，最著名的学校并不总是最理想的招聘来源，其原因是这些学校的毕业生可能自视甚高，不愿意承担具体而烦琐的工作，这在很大程度上妨碍了他们管理能力的进步。

校园招聘的缺点是费钱费时，需要事先安排时间，印制宣传品，还要做面谈记录。

大学毕业生在选择申请面试的公司时主要考虑的是公司在行业中的

名声、公司提供的发展机会和公司的整体增长潜力等因素。一般而言，受商业周期对劳动力供求形势影响最明显的大学毕业生申请人，在商业周期走向高涨期间，他们是最大的受益者；而在商业周期走向衰退期间，他们是最大的受害者。

六、员工推荐与申请人自荐

过去，许多公司严格限制家庭成员在一起工作，以避免过于紧密的个人关系会危害人事决策的公正性。不过，现在已经有很多公司逐渐认识到，通过员工推荐的方法雇用现有员工的家属或者朋友有很多好处。这种方式不仅可以节省招聘人才的广告费和付给职业介绍机构的费用，还可以得到忠诚而可靠的员工。但如果员工推荐的工作申请人的能力与组织的要求不匹配，不仅会影响自己在企业中的地位，也将危害自己和被推荐者之间的关系。

七、临时性雇员

随着市场竞争的加剧，企业面临的市场需求常常会发生波动，而且企业还要应对经济周期的上升和下降。在这种情况下，企业往往需要在保持比较低的人工成本的同时，使企业的运营具有很高的适应性和灵活性。为此，企业可以把关键员工数量限制在最低的水平上，同时建立临时员工计划。

这种计划可以有四种选择：第一种，内部临时工储备。企业可以专门向外部进行招聘，也可以把以前曾经雇用过的员工作为储备。第二种，通过中介机构临时雇用。企业可以同那些保持和管理劳动力储备的就业服务机构签订合同，临时性地使用这些人力。第三种，雇用自由职业者，如与自由撰稿人和担当顾问的专家签订短期服务合同。第四种，短期雇用，即在业务繁忙的时期或者一个特定的项目进行期间招聘一些短期服务人员。临时性雇员计划的缺点是：第一，增加招聘的成本；第二，增加培训成本；第三，产品的质量稳定性下降；第四，需要管理人员加强对临时性员工的激励。

八、招聘来源的比较

在实际的招聘实践中，组织有多种招聘来源可以选择，而组织具体选择哪种招聘方式在很大程度上取决于组织的传统和过去的经验。原则上，组织所选择的招聘渠道应该能够保证组织以合理的成本吸引到足够数量的高质量的工作申请人。美国人力资源管理学界的一个主流看法是，招聘专业人员最有效的三个途径依次是员工推荐、广告和职业介绍机构。招聘管理人员的三个最有效途径依次是员工推荐、猎头公司和广告。[①]

各种招聘来源吸引来的员工可能具有不同的特征。一项研究表明，通过员工推荐进入组织的员工通常不会在很短的时间内离职。其原因可能有以下三个方面：第一是推荐者已经事先向被推荐者详细地介绍了组织的情况，使得他进入组织后没有产生强烈的意外和失望；第二是被推荐者已经通过了推荐者按照组织需要进行的筛选；第三是推荐者对被推荐者施加了某种压力，使其能够稳定工作。还有研究表明，被推荐进入组织的员工在开始时获得的报酬水平比较高，但是在随后的晋级中，薪酬增加得比较缓慢。其原因可能是开始时组织对被推荐者的资格比较确信，但是随后的长期表现表明开始时对他们的评价存在着高估的现象。

第三节　员工招聘与甄选的方法

甄选工作在整个招聘过程中的地位与作用日渐突出，应该借助多种甄选手段来公平、客观地进行正确的决策。因此，在长期的人力资源招聘工作实践中，发展了许多种实用的甄选方法，具体包括面试法、测验法（技能、智能测验法、知识测验法、品性测验法等）、评价中心法、个人信息法、背景检验法、笔迹学法等。当前使用得最广泛的、最主要的甄选方法是心理测验法、面试法及评价中心技术。

一、心理测验方法

（一）心理测验的定义

从心理测验的起源与发展可知，心理测验产生于对个别差异鉴别的需要，广泛应用于教育、企事业人才的挑选与评价。在这一过程中，人们编

①经洪斌．企业人力资源管理实务[M]．南京：江苏人民出版社，2024.

制了许许多多的心理测验。其中比较有影响的心理测验，有比奈-西蒙智力测验、斯坦福比奈儿童智力测验、罗夏墨迹测验、默里与摩根的主题统觉测验(TAT)、明尼苏达多相个性测验(MMPI)、艾森克人格测验(EPQ)、卡特尔16因素测验、皮亚杰(Pi-aget)故事测验、科尔伯格(Kohlberg)两难故事测验、雷斯特(J.Rest)测验等。分析这些较为典型的心理测验后，我们觉得所有的心理测验定义中，阿纳斯塔西(Anastasi)所下的定义比较确切：心理测验实质上是行为样组客观的和标准化的测量。

(二)心理测验的种类与形式

依据不同的标准，心理测验可以划分出不同的种类。

根据测验的具体对象，可以将心理测验划分为认知测验与人格测验。认知测验测评的是认知行为，而人格测验测评的是社会行为。

认知测验又可以按其具体的测验对象，分为成就测验、智力测验及能力倾向测验。成就测验主要测评人的知识与技能，是对认知活动结果的测评；智力测验主要测评认知活动中较为稳定的行为特征，是对认知过程或认知活动的整体测评；能力倾向测验是对人的认知潜在能力的测评，是对认知活动的深层次测评。

人格测验按其具体的对象，可以分为态度、兴趣与道德(包括性格)测验。

根据测验的目的，可以将心理测验划分为描述性、预测性、诊断咨询、挑选性、配置性、研究性等形式。

根据测验的材料特点，可以将心理测验划分为文字性测验与非文字性测验。文字性测验即以文字表述，让被试者用文字作答。典型的文字测验即纸笔测验。非文字性测验，包括图形辨认、图形排列、实物操作等方式。

根据测验的质量要求，可以将心理测验划分为标准化测验与非标准化测验。

根据测验的实施对象，可以将心理测验划分为个别测验与团体测验。

根据测验中是否有时间限制，可以将心理测验划分为速度测验、难度测验、最佳行为测验、典型行为测验。

根据测验应用的具体领域，可以将心理测验划分为教育测验、职业测验、临床测验、研究性测验。

心理测验的种类如图3-1所示。

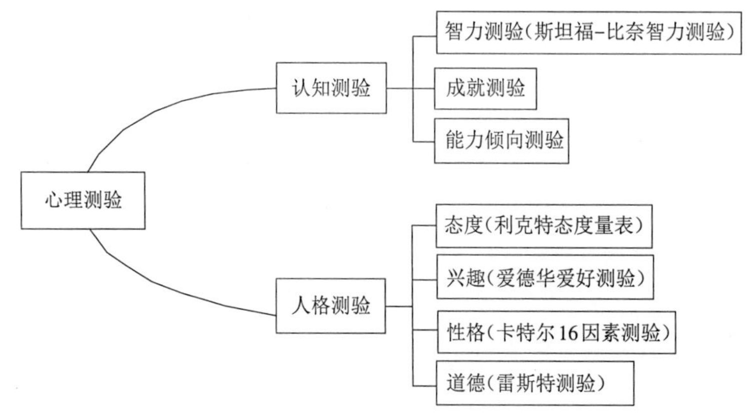

图3-1　心理测验的种类

心理测验的形式与心理测验的类别是有所不同的。心理测验的形式，是指测验的表现形式，包括刺激与反应两个方面。划分的标准不同，形式也就各异。

按测验目的与意图表现的程度划分，有结构明确的问卷法与结构不明确的投射法。后者所表现的刺激为意义不明确的各种图形、墨迹、词语，让被测者在不受限制的情境下，自由地做出反应，从而分析反应结果来推断测验的结果；前者所表现的则为一系列具体明确的问题，它们从不同方面来了解被试者的素质情况，要求被试者按实际情况作答。如果从问卷调查的具体对象来看，有自陈量表与非自陈量表。

根据测验时被试者反应的自由性来看，有限制反应型与自由反应型。投射测验属于自由反应型，而强迫选择属于限制反应型。按测验作答结果的评定形式，有主观型与客观型之分。从作答方式来看，有纸笔测验、口头测验、操作测验、文字测验与图形、符号、实践等测验形式。从测验反应场所来看，有一般测验、情境测验及观察评定测验。一般测验是对被试者在行为样组上反应的测评；情境测验是对被试者在模拟情境中反应的测评；观察评定测验，是对被试者在日常实际情况下行为表现的测评。①

二、面试方法

面试的历史虽然源远流长，但人们却至今未能对面试形成一致的看法。

①李霞．现代人力资源管理及其新发展[M]．长春：吉林摄影出版社，2024.

（一）面试的概念与内容

1. 面试的概念

面试，可以说是一种经过精心设计，在特定场景下，以面对面的交谈与观察为主要手段，由表及里测评应试者有关素质的一种方式。

在这里，“精心设计”的特点使它与一般性的面谈、交谈、谈话相区别。面谈与交谈，强调的只是面对面的直接接触形式与情感沟通的效果，并非经过精心设计。“在特定场景下”的特点，使它与日常的观察、考察测评方式相区别：日常的观察、考察，虽然也少不了面对面的谈话与观察，但那是在自然情景下进行的。“以面对面的交谈与观察为主要手段，由表及里测评”的特点，不但突出了面试“问”“听”“察”“觉”“析”“判”的综合性特色，而且使面试与一般的口试、笔试、操作演示、情景模拟、访问调查等人才素质测评的形式区别开来。口试强调的只是口头语言的测评方式及特点，而面试还包括对非口头语言、行为的综合分析、推理及直觉判断。“有关素质”说明了面试的功能并非万能的，在一次面试当中，不要面面俱到、去测评人的一切素质，要有选择地针对其中一些必要素质进行测评。

2. 面试的内容

仪表风度：应聘者的体格状态、穿着举止、精神风貌。

求职的动机与工作期望：判断本单位提供的职位和工作条件是否能满足其要求。

专业知识与特长：从专业的角度了解其特长及知识的深度与广度。

工作经验：应聘者以往的经历及其责任感、思维能力、工作能力等。

工作态度：应聘者过去的工作业绩及其对所谋职业的态度。

事业心、进取心：事业的进取精神、开拓精神。

语言表达能力：口头表达的准确性。

综合分析能力：分析问题的条理性、深度。

反应能力：思维的敏捷性。

自控能力：理智与耐心。

人际关系：社交中的角色，为人的好恶。

精力与活力：精、气、神的表现。

兴趣与爱好：知识面与嗜好。

（二）面试的特点

与其他人才素质测评的方式相比，面试有其相对独特之处。

1. 对象的单一性

面试的方式有个别面试与集体面试两种。在集体面试中，几个考生可以同时坐在考场之中，但主考官不是同时分别考不同的考生，而一般是逐个提问逐个测评。即使在面试中引入辩论、讨论，评委们也是逐个提问逐个观察的。

2. 内容的灵活性

由于单位时间内面试对象是单一的，因此面试的具体内容可以自由调节。面试的问题虽然事先可以设计一番，准备很多的试题，但绝不是向所有考生都提同样的问题，按统一的步骤与内容进行。实际上面试的问题可多可少，视所获得的信息是否足够而定；同一问题可深可浅，视主考官的需要而定；所提的问题可异可同，视应试者情况与面试要求而定。因此面试的时间可长可短。但就目前一般情况来看，面试时间大约30分钟，一般提10个问题。

面试内容的灵活变化也是必要的。首先，面试内容因工作岗位不同而无法固定，岗位不同，工作性质、职责以及任职资格与要求也就不同；其次，应试者的经历、背景不尽相同，因而所提问题及回答要求就应该有所区别；最后，同一个问题，每个考生回答的方式与内容不尽相同，主考官后续的提问就应该针对应试者回答的情况变化而变化。

3. 信息的复合性

与测验、量表等测评方式不同，面试对任何信息的确认，都不是通过单一的视（眼）、听（耳）、想（脑）等信息通道进行，而是通过主考官对应试者的问（口）、察（眼与脑）、听（耳）、析（脑）、觉（第六感）综合进行的。也就是说，对于同一素质的测评，既注意收集它的语言形式信息，又注意收集它的非语言形式信息，这种信息复合性增强了面试的可信度。

4. 交流的直接互动性

与笔试、观察评定不同，面试中应试者的回答及行为表现，与主考官的评判是相连接的，中间没有任何中介转换形式。面试中主考官与应试者的接触、交谈、观察也是相互的，是面对面进行的。主客体之间的信息交流与反馈也是相互作用的。而笔试与观察评定却对命题人、评分人严加保密,不让被试者知道。

5. 判断的直觉性

其他测评大多数是理性的逻辑判断与事实判断,面试的判断却带有一种直觉性。它不是仅仅依赖主考官严谨的逻辑推理与辩证思维,也往往包括很大的印象性、情感性及第六感特点。我们常常一见某人便觉察出了他的某种素质特点,但又说不出所以然来。

(三)面试的功能作用

任何一种测评方法只有当它具有某种特殊的功能作用时,才有存在的价值。面试与其他素质测评方法相比,有以下五点功用。

1. 可以有效地避免高分低能者或冒名顶替者入选

一般来说,笔试是严谨的,成绩高者其能力也高。但是,由于目前笔试方式操作的局限性,考试中高分低能者、冒名顶替者在所难免。辽宁省、上海市、宁波市等地招聘录用干部时发现,有的人笔试成绩虽然很高,但面试时却言语木讷,对所提问题的回答见识浅薄,观点幼稚;有的则表现出只能背书,分析问题和解决问题的能力很差;有的则是冒名顶替者,一问三不知。

2. 可以弥补笔试的失误

测验或问卷等笔试,有的人因误解、学习条件差、转行或紧张等原因没有发挥好,如果仅以笔试成绩为录用依据,那么这些人就没有机会被录用了。如果再采用面试形式,则这些人可以有机会再次表现。沈阳市干部测评录用中发现,有些人虽然笔试成绩不算很高,但面试对答如流,能力很强,显示出很大的发展潜力,从而成为理想的人选。

3. 可以考查笔试与观察中难以测评到的内容

笔试以文字为媒介来测评人的素质水平,即以文观人。但文何以能与人同呢? 有些内容文字是无法表现的,如仪表、风度、口头表达能力、反应快慢等。

有些素质虽然可以通过文字形式来表达,但因为应试者的掩饰行为或某种困惑而无法表达,却可以通过面试来测评。

4. 可以灵活、具体、确切地考查一个人的知识、能力、经验及品德特征

由于面试是一种主考官与应试者间的互动可控的测评方式,测评的主

动权主要控制在主考官手里,测评要深即深,要浅即浅,要专即专,要广即广,具有很强的灵活性、调节性与针对性。而笔试、情景模拟与观察评定均不如面试。

5.可以测评个体的任何素质

只要时间充裕,设计精细,手段适当,面试可以测评个体的任何素质。问、察及触摸可以测评一个人的身体素质,肤色、舌苔、脉搏、气色等都是我国中医用来诊断病情的指标,显然我们由此可以建立一套测评身体健康程度的指标,测评身体素质。

三、评价中心技术

评价中心技术简称评价中心,对我国许多人来说,还是一个陌生名词。评价中心是什么,有哪些形式,起源于何时,有什么特点,诸如此类的问题,人们都还不清楚。

(一)历史探源

评价中心技术被认为是现代人才素质测评的一种新方法,起源于德国心理学家1929年所建立的一套用于挑选军官的多项评价程序。其中一项是对领导才能的测评,测评的方法是让被试者参加指挥一组士兵,他必须完成一些任务或者向士兵们解释一个问题。在此基础上,评价员再对他的面部表情、讲话形式和笔迹进行观察。

(二)测评技术

评价中心技术综合运用了各种测评技术。它的主要特点是使用情景性的测验方法对被试者的特定行为进行观察和评价。这种方法通常将被试者置于一个模拟的工作情境中,采用多种评价技术,观察和评价被试者在这种模拟工作情境中的心理和行为。因此,这种方法有时被称为情境模拟法。评价中心技术的活动形式主要有公文处理、小组讨论、管理游戏、角色扮演、个人演说等,然后根据所给的材料撰写报告、案例分析等。

1.公文处理

公文处理是以书面材料的形式提供给被试者若干需要解决的问题以及相关的背景资料,让其在较短的时间内进行处理,以考察其分析问题及解决问题的能力的一种评价方法。公文处理可以有效地测试被试者利用信息的能力、系统思维的能力以及决策能力,具有较高的信度及效度。

2. 小组讨论

小组讨论是给被测试的小组一个待解决的问题，由他们展开讨论以解决问题，评价者则通过对该过程的观察来对被试者的人际能力，在群体里分析、解决问题的能力以及领导方式等进行评价。小组讨论有多种形式，如无领导小组讨论、有领导小组讨论、不指定角色小组讨论、指定角色小组讨论等。

3. 管理游戏

管理游戏是指设计一定的情景，分给被试小组一定的任务由他们共同完成，如购买、搬运等，或者在几个小组之间进行模拟竞争，以评价被试者的合作精神、领导能力、计划能力、决策能力等的一种评价方法。管理游戏一般具有较强的趣味性，但设计的工作量大。管理游戏一般具有较好的信度及效度。

4. 角色扮演

角色扮演是在一个精心设计的管理情景中，让被试者扮演其中的角色以评价其胜任能力的模拟活动。要提高评价的准确性，管理情景的设计是关键，情景中的人际矛盾与冲突必须具有一定的复杂程度，使得被试者只能按其习惯方式采取行动，从而降低伪装的可能性。

5. 个人演说

通过让被试者就一指定的题目发表演讲，以此评价其沟通技能和说服能力。

（三）其他测评技术

人力资源测评方法除以上几种外，在组织中应用较多的还有观察评定法、申请表法、民意测验法、履历分析法等。

1. 观察评定法

观察评定法是借助一定的量表，在观察的基础上对人的素质进行评价的一种测评活动。观察评定具有以下几种基本类型：日常观察评定、现场观察评定、间接观察评定等。其优点是客观、方便；缺点是可控性差，观察结果难以记录及处理。

2. 申请表法

申请表法是通过分析求职者在申请表上所提供的信息，对其素质进行判断、预测的一种测评方法。申请表法是素质测评中最常用的方法之一。

对于求职量特别大的组织来说,该方法可以提高筛选的效率。

3. 民意测验法

民意测验对敬业精神、合作意识、工作态度、领导方式等素质项目的测评具有较好的效果。主要原因是上述素质要素在其他测评方法中被试者易于伪装,民意测验法则能有效地消除伪装的影响。

4. 履历分析法

履历分析法是指根据档案记载的事实,了解一个人的成长历程和工作业绩,从而对其素质状况进行推测的一种评价方法。该方法可靠性高,成本低,但也存在档案记载不详而无法全面深入了解的弊端。

第四章 员工培训与开发

第一节 培训与开发概述

培训与开发一方面可以提高员工的知识技能;另一方面可以使员工认可和接受企业的文化和价值观,提升员工的素质并吸引保留优秀员工,增强企业凝聚力和竞争力。在纷繁复杂、不断变化的市场竞争环境下,企业要想立于不败之地,就必须持续扩充和增强人力资本,因而准确地理解培训与开发是很有必要的。

一、培训与开发人员及其组织结构

人力资源开发人员的素质不仅关系其自身的发展,而且关系着整个企业人力资源开发职能工作的质量。不同的企业人力资源开发部门的组织结构存在较大差异,因此有必要了解培训与开发人员及其组织结构。

(一)专业培训与开发人员和组织的诞生

1944年成立的美国培训与发展协会是全球最大的培训与发展行业的专业协会,是非营利的专业组织,定期发表行业研究报告,颁发专业资格证书,举办年会以及各种培训活动等。

(二)培训与开发人员的资格认证

人力资源开发人员的认证可以分为社会统一资格认证体系和组织内部资格认证体系。目前,统一采用人力资源专业人员的资格证书,美国人力资源协会的注册高级人力资源师(SPHR)和人力资源师(PHR)。

(三)培训与开发的组织结构

企业规模、行业、发展阶段不同,培训与开发的组织结构也不同,主要模式有学院模式、客户模式、矩阵模式、企业大学模式、虚拟模式五种,各类培训与开发组织结构的特点(见表4-1)。

表4-1 各类培训与开发组织结构的特点

模式	如何组织	优点	不足
学院模式	培训部门将由一名主管会同一组对特定课题或在特定的技术领域具有专业知识的专家来共同领导	培训人员是该培训领域内的专家 培训部门计划由人事专家拟定	可能没有意识到经营问题 可能会导致受训者失去学习的动力
客户模式	根据客户模式组建的培训部门,负责满足公司内某个职能部门的培训需求	能够使培训项目与经营部门的特定需要相一致	要花费相当多的时间来研究经营部门业务职能 大量涉及类似专题的培训项目是由客户开发出来的
矩阵模式	同时向培训部门经理和特定职能部门的经理汇报工作的一种模式。培训者具有培训专家和职能专家两个方面的职责	有助于将培训与经营需要联系起来 受训者可以通过了解某一特定经营职能而获得专门的知识	培训者将会遇到更多的指令和矛盾冲突
企业大学模式	客户群不仅包括雇员和经理,还包括公司外部的相关利益者,如社区大学、普通大学等	企业一些重要的文化和价值观将在企业大学的培训课程中受到重视 保证了在公司某一部门内部开展的有价值的培训活动可以在整个公司进行推广 企业大学可以通过开发统一培训实践与培训政策来控制成本	费用高昂
虚拟模式	利用电子网络和多媒体技术	即时性,没有场地限制	缺少人性化交流

二、培训与开发在人力资源管理中的地位

随着信息技术、经济全球化的发展,受到终身学习、人力资源外包等因素的挑战,培训与开发在人力资源管理中的地位日益提升,对培训与开发人员提出了新的、更高的要求。同时,企业战略和内在管理机制不同,也要求提供相应的培训与开发支持。①

①徐明霞,唐玉洁. 数智化人力资源管理[M]. 大连:大连理工大学出版社,2024.

（一）培训与开发是人力资源管理的基本内容

1. 培训与开发是人力资源管理的基本职能

人力资源管理的基本职能包括获取、开发、使用、保留与发展，现代培训与开发是充分发挥人力资源管理职能必不可少的部分。

2. 培训与开发是员工个人发展的客观要求

接受教育与培训是每个社会成员的权利，尤其是在知识经济时代，知识的提高及知识老化、更新速度的加快客观上要求员工必须不断接受教育和培训，无论是从组织发展的角度，还是从员工个人发展的角度，员工都必须获得足够的培训机会。

3. 培训与开发是国家和社会发展的客观需要

人力资源质量的提高对国家和社会经济的发展以及国际竞争力的提升具有重要作用。世界各国都非常重视企业员工的培训问题，并制定了相关的法律和政策加以规范，并对企业的培训和开发工作给予相关的支持和帮助。

4. 培训与开发和人力资源管理其他功能模块的关系

培训、开发与人力资源管理各个方面都相互联系，尤其是人力资源规划、职位设计、绩效管理、甄选和配置等联系更为紧密。招聘甄选后便要进行新员工的入职培训，培训与开发是员工绩效改进的重要手段，职位分析是培训需求分析的基础，人力资源规划则确定培训与开发的阶段性与层次性。

（二）培训与开发在人力资源管理中的地位和作用的变迁

1. 员工培训与开发伴随着人力资源管理实践的产生而产生

培训与开发是人类社会生存与发展的重要手段。通过培训而获得的知识增长和技能优化有助于提高劳动生产率。早在1911年，泰勒的《科学管理原理》就包括了培训与选拔的内容（按标准化作业培训工作人员并选拔合格者）。

2. 现代培训与开发逐渐成为人力资源管理的核心内容

在全球化的背景下，培训已成为许多国际大企业大公司投资的重点。美国工商企业每年用于职工培训的经费达数千亿美元，绝大多数企业为职工制订了培训计划。以满足高质量要求的工作挑战。同时，多元化带来的社会挑战、技术革新使员工的技能要求和工作角色发生变化，使得员工需要不断更新专业知识和技能。

3. 培训与开发是构建学习型组织的基础

随着传统资源的日益稀缺,知识经济的形成和迅速发展,21世纪最成功的企业是学习型组织。不论利润绝对数,还是销售利润率,学习型企业都比非学习型企业高出许多。培训与开发作为构建学习型组织的基础,具有重要的地位。

(三)战略性人力资源管理对培训的内在要求

战略性人力资源管理是指企业为实现目标所进行和所采取的一系列有计划、具有战略意义的人力资源部署和管理行为。企业战略与培训战略的匹配(见4-2)。

表4-2 企业战略与培训战略的匹配

基本战略	通常需要的基本技能和资源	基本组织要求	人力资源战略	培训战略
成本领先战略	①持续的资本投资和良好的融资能力;②工艺加工技能;③对工人严格地监督;④所设计的产品易于制造;⑤低成本的分销系统	①结构分明的组织和责任;②以满足严格的定量目标为基础的激励;③严格成本控制;④经常、详细的控制报告	①严格的工作划分,明确细致的工作责任。②严格监督和控制。③简单招聘甄选测试,强调应聘者纪律和服从;一般由上司考核。④低于或等于平均薪酬水平。⑤不提供培训或提供少量培训	①强调纪律和服从;②强调效率优先和成本优先;③标准化地操作训练和指导;④在实干中学习
差异化战略	①强大的生产营销能力;②产品加工;③对创造性的鉴别能力;④很强的基础研究能力;⑤质量或技术上领先公司声誉;⑥在产业中有悠久传统或从其他业务中得到独特技能的组合;⑦得到销售渠道的高度合作	①在研究与开发、产品开发和市场营销部门之间的密切协作;②重视主观评价和激励,而不是定量指标;③有轻松愉快的气氛,以吸引高技能工人、科学家和创造性人才	①广泛的工作划分,模糊的工作责任;②强调自我监督和同事监督;③严格的招聘甄选测试,特别强调应聘者创新精神和学习能力;④上司、同事多主体的考核;⑤高于或等于平均薪酬水平;⑥提供系统培训或提供大量的培训,鼓励员工学习与成长	①强调文化与创新;②强调创新效率优先;③各个职能与专业知识的广泛培训;④脱产培训;⑤学习环境建设、创建学习型组织
集中战略	针对具体战略指标,由上述各项组合构成	针对具体战略指标,由上述各项组合构成	针对具体战略指标,由上述各项组合构成	针对具体战略指标,由上述各项组合构成

三、培训与开发的发展趋势

目前，培训与开发规模日益壮大，培训与开发水平不断提高，培训与开发技术体系日益完善，培训开发理论体系逐渐形成，人力资源培训与开发领域呈现出以下几方面的发展趋势。

（一）培训与开发的目的：更注重团队精神

培训与开发的目的比以往更加广泛，除了新员工上岗引导、素质培训、技能培训、晋升培训、轮岗培训之外，培训开发更注重企业文化、团队精神、协作能力、沟通技巧等。这种更加广泛的培训开发目的使企业的培训开发模式从根本上发生了变化（见4-1）。

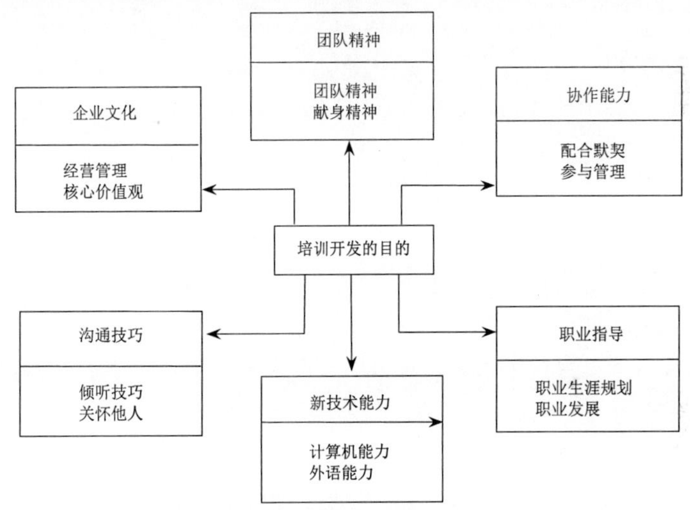

图4-1　培训开发的目的发生变化

（二）培训与开发的组织：转向虚拟化和更多采用新技术

虚拟培训与开发组织能达到传统培训组织所无法达到的目标。虚拟培训与开发组织是应用现代化的培训与开发工具和培训与开发手段，借助社会化的服务方式而达到培训与开发的目的。现代化的培训与开发工具及手段包括多媒体培训与开发、远程培训与开发、网络培训与开发、电视教学等。在虚拟培训与开发过程中，虚拟培训与开发组织更加注意以顾客为导向，凡是顾客需要的课程、知识、项目、内容，都能及时供给并更新原有的课程设计。虚拟培训与开发组织转向速度快，更新知识和更新课程有明显的战略倾向性。

虚拟培训与开发组织的优缺点比较如表4-3所示。

表4-3 虚拟培训与开发组织的优缺点比较

培训与开发技术	优点	缺点
多媒体培训与开发	自我控制进度；内容具有连续性；互动式学习；反馈及时；不受地理位置限制	开发费用高昂；不能快速更新
网络培训与开发	自我控制培训传递；信息资源共享；简化培训管理过程；培训项目更新快速	受到网络速度限制；开发成本高；培训成果转化一般
虚拟现实	适合危险或复杂工作培训；培训成果转化率高；反馈及时	有时缺乏真实感
智能指导系统	模拟学习过程；自我调整培训过程；及时沟通与回应；培训成果转化率高	开发费用高
远程学习	多人同时培训；节约费用；不受空间限制	缺乏沟通；受传输设备影响大

（三）培训与开发效果：注重对培训与开发效果的评估和对培训与开发模式的再设计

控制反馈试验是检验培训开发效果的正规方法。组织一个专门的培训开发效果测量小组，对进行培训与开发前后的员工的能力进行测试，以了解培训与开发的直接效果。对培训与开发效果的评价，通常有四类基本要素。一是反应：评价受训者对培训开发计划的反应，对培训开发计划的认可度及感兴趣程度；二是知识：评价受训者是否按预期要求学到所学的知识、技能和能力；三是行为：评价受训者培训开发前后的行为变化；四是成效：评价受训者行为改变的结果，如顾客的投诉率是否减少，废品率是否降低，人员流动是否减少，业绩是否提高，管理是否更加有序等。

（四）培训与开发模式：更倾向于联合办学

培训与开发模式已不再是传统的企业自办培训与开发的模式，更多是企业与学校联合、学校与专门培训与开发机构联合、企业与中介机构联合或混合联合等方式。社会和政府也积极地参与培训与开发，如再就业工程，社区也在积极地参与组织与管理。政府的专门职能部门也与企业、学校挂钩，如人事部门组织关于人力资源管理的培训，妇联组织关于妇女理论与实践的培训与开发和婚姻、家庭、工作三重角色相互协调的培训与开发等。

四、培训与开发的体系

培训与开发是一项系统的工作，一个有效的培训与开发体系可以运用各种培训方式和人力资源开发的技术、工具，把零散的培训资源有机地、系统地结合在一起，从而保证培训与开发工作能持续地、有计划地开展下去。

（一）培训与开发体系

1. 培训与开发体系的定义

培训与开发体系是指一切和培训与开发有关的因素有序组合，是企业内部培训资源的有机组合，是企业对员工实施培训的一个平台，主要由培训制度体系、培训资源体系、培训运作体系组成。

2. 培训与开发体系的建设与管理

（1）培训制度体系

培训制度是基础，包括培训计划、相关表单、工作流程、学员管理、讲师管理、权责分工、培训纪律、培训评估、培训档案管理制度等。建立培训体系的首要工作就是建立培训制度、设计培训工作流程、制作相关的表单、制订培训计划。培训制度的作用在于规范公司的培训活动，作为保证培训工作顺利进行的制度依据。有效的培训制度应当建立在人力资源管理的基础上，与晋升考核等挂钩。

（2）培训资源体系

培训资源体系主要包括培训课程体系、培训资产维护、师资力量开发、培训费用预算等。具体如下：①培训课程体系，主要来源于岗位胜任模型，包括岗位式课程体系、通用类课程、专用类课程培训资源等。②培训设施，培训必备工具（计算机、投影仪、话筒等）；培训辅助工具（摄影机、培训道具）；培训场地。③培训教材，包括培训光碟、培训书籍、电子教材（软件）等。④管理要求，定期检查、分类管理、过程记录、专人负责。

（3）培训运作体系

培训运作体系包括培训需求分析、培训计划制订、培训方案设计、培训课程开发、培训实施管控、培训效果评估。

（二）企业大学

1. 企业大学的定义

企业大学又称公司大学，是指由企业出资，以企业高级管理人员、一流的商学院教授及专业培训师为师资，通过实战模拟、案例研讨、互动教学等实效性教育手段，培养企业内部中、高级管理人才和企业供销合作者，满足人们终身学习的一种新型教育、培训体系。

企业大学是比较完美的人力资源培训与开发体系，是有效的学习型组织实现手段，也是公司规模与实力的证明。早在1927年，通用汽车就创办了GM学院，通用电气1956年建立的克劳顿培训中心（现在称为领导力发展中心）标志着企业大学的正式诞生。

2. 企业大学的类型

（1）内向型企业大学

内向型企业大学是为构筑企业全员培训体系而设计的，学员主要由企业员工构成，不对外开放，如麦当劳大学、通用汽车的领导力发展中心等。

（2）外向型企业大学

外向型企业大学分为两类：一类是仅面向其供应链开放，将其供应商、分销商或客户纳入学员体系当中，主要目的是支持其业务发展，如爱立信学院；另一类是面向整个社会，主要目的是提升企业形象或实现经济效益，如惠普商学院。

3. 企业大学理论模型

（1）企业大学轮模型

2001年，普林斯和海里提出“企业大学轮模型”，把理想企业大学的五种元素整合到同一个理论结构中，并定义企业大学的重点是支持企业目标、协助知识的创新及组织的学习。企业大学轮模型整合了企业大学的流程、重要活动和相关任务，假设学习是产生在个体之内、个体与个体之间的活动和流程，试图把流程融入学术上的组织和学习理论，并把知识管理和学习型组织结合在同一个理论结构里。企业大学轮模型整合了作为理想企业大学的五种元素，这五种元素为支持企业目标的方式、网络和合作伙伴、知识系统和流程、人的流程以及学习流程，如图4-2所示。

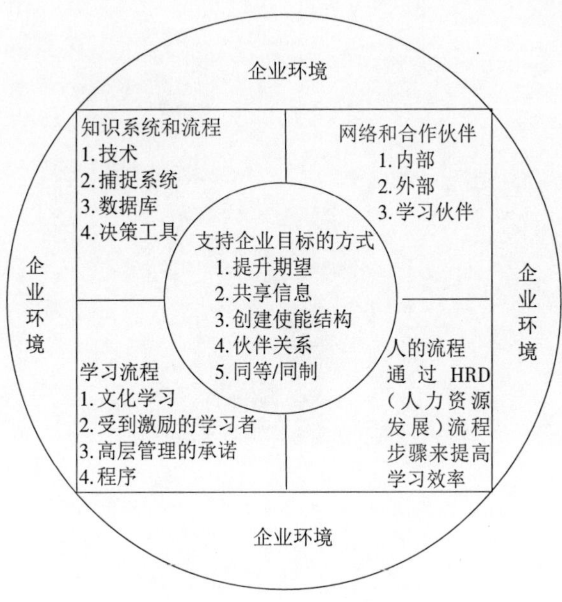

图4-2　企业大学轮模型

（2）企业大学创建轴承模型

在中国企业的企业大学创建研究和咨询中，南天竺公司搭建了"企业大学创建轴承模型"，如图4-3所示，概括出"1结合，2实体，3体系，4关键"的企业大学创建"1234法"，用简洁通俗的语言描述企业如何立足管理现状，有效地创建适合企业需要的企业大学。"1结合"，是指以企业战略为核心，适应环境变化；"2实体"，是指组建领导机构和执行部门；"3体系"，是指建立课程体系、师资体系、评估体系；"4关键"，主要是财务规划、制度建设、需求分析、持续改善。

4.企业大学成功的关键因素

企业大学成功的关键因素如下：①公司高层主管的参与和重视。②将培训与发展目标和组织的战略性需求紧密结合。③重视学习计划的绩效评估。④根据企业内部和外部的学习需求，设计和实施具有针对性的核心课程。⑤善于利用现代化的网络及数字工具，构建完善的学习环境。⑥与其他企业和传统高校建立良好的合作关系。

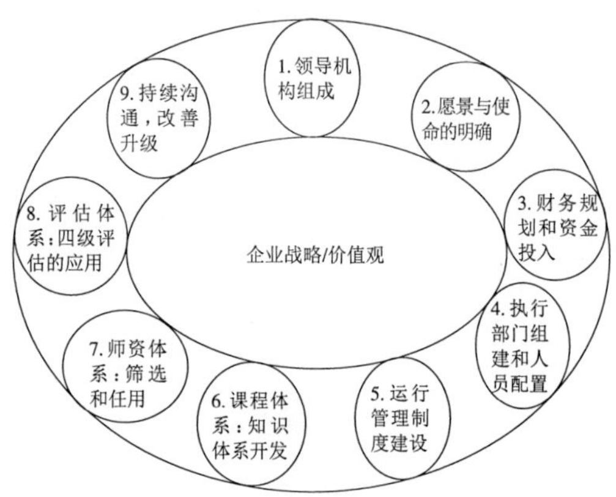

图4-3　企业大学创建轴承模型

第二节　培训需求分析

一、培训需求分析的含义与作用

(一)培训需求分析的含义

所谓培训需求分析,是指在规划与设计每项培训活动之前,由培训部门、主管负责人、培训工作人员等采用各种方法与技术,对参与培训的所有组织及其员工的培训目标、知识结构、技能状况等方面进行系统的鉴别与分析,以确定这些组织和员工是否需要培训及如何培训,弄清谁最需要培训、为什么要培训、培训什么等问题,并进行深入探索研究的过程。①

(二)培训需求分析的作用

培训需求分析作为现代培训活动的首要环节,在培训中具有重大作用,具体表现如下。

1.充分认识现状与目标差距

培训需求分析的基本目标就是确认差距,即确认绩效的应有状况同现实状况之间的差距。绩效差距的确认一般包含三个环节:一是必须对所需

①吴增涛,杨俊玲,张宏宇.人力资源管理与企业经营管理的融合发展研究[M].北京:中华工商联合出版社,2024.

要的知识、技能、能力进行分析，即理想的知识、技能、能力的标准或模式是什么；二是必须对现实实践中缺少的知识、技能、能力进行分析；三是必须对理想的或所需要的知识、技能、能力与现有的知识、技能、能力之间的差距进行分析。这三个环节应独立并有序地进行，以保证分析的有效性。

2. 促进人事管理工作和员工培训工作的有效结合

当需求分析考虑到培训和开发时，需求分析的另一个重要作用便是能促进人事分类系统向人事开发系统的转换。包括企业在内的一般组织之中，大部分有自己的人事分类系统。人事分类系统作为一个资料基地，在做出关于补偿金、员工福利、新员工录用、预算等的决策方面非常重要，但在工作人员开发计划、员工培训和解决实际工作中等方面的用处很小。

3. 提供解决工作中实际问题的方法

可供选择的方法可能是一些与培训无关的选择，如组织新设与撤销、某些岗位的人员变动、新员工吸收，或者是几个方法的综合。

4. 能够得出大量员工培训的相关成果

培训需求分析能够作为规划开发与评估的依据。一个好的需求分析能够得出一系列的研究成果，以确立培训内容，指出最有效的培训战略，安排最有效的培训课程。同时，在培训之前，通过研究这些资料，建立起一个标准，然后用这个标准来评估培训项目的有效性。

5. 决定培训的价值和成本

如果进行了好的培训需求分析，并且找到了存在的问题，管理人员就能够把成本因素引入培训需求分析。这个时候，如果不进行培训的损失大于进行培训的成本，那么培训就是必要的、可行的。反之，如果不进行培训的损失小于培训的成本，则说明当前还不需要或不具备条件进行培训。

6. 能够获得各个方面的协助

工作人员对必要的工作程序的忽视，并不能排除组织对工作人员承担的责任。如果一个组织能够证明信息和技能被系统地传授，就可以避免或减少不利条件的制约。同时，高层管理部门在对规划投入时间和金钱之前，对一些支持性的资料很感兴趣。中层管理部门和受影响的工作人员通常支持建立在客观的需求分析基础之上的培训规划，因为他们参与了培训需求分析过程。无论是组织内部还是外部，需求分析提供了选择适当指导方法与执行策略的大量信息，这为获得各方面的支持提供了条件。

二、培训需求分析的内容

培训需求分析的内容主要有三个方面:培训需求的对象分析、培训需求的阶段分析、培训需求的层次分析。

(一)培训需求的对象分析

培训对象分为新员工培训和在职员工培训两类,所以培训需求的对象分析包括新员工培训需求分析和在职员工培训需求分析。

1. 新员工培训需求分析

新员工主要进行企业文化、制度、工作岗位的培训,通常使用任务分析法。新员工的培训需求主要产生于对企业文化、企业制度不了解而不能融入企业,或是对企业工作岗位不熟悉而不能胜任新工作。对于新员工培训需求分析,特别是对于企业低层次工作的新员工培训需求,通常使用任务分析法来确定其在工作中需要的各种技能。

2. 在职员工培训需求分析

在职员工主要进行新技术、新技能的培训,通常使用绩效分析法。由于新技术在生产过程中的应用,在职员工的技能不能满足工作需要等而产生培训需求。

(二)培训需求的阶段分析

培训活动按阶段,可分为针对目前存在的问题和不足所进行的目前培训与针对未来发展需要所进行的未来培训。因此,培训需求的阶段分析包括目前培训需求分析和未来培训需求分析。

1. 目前培训需求分析

目前培训需求是针对企业目前存在的不足和问题而提出的培训需求,主要包括分析企业现阶段的生产经营目标、生产经营目标实现状况、未能实现的生产任务、企业运行中存在的问题等,找出这些问题产生的原因,并确认培训是解决问题的有效途径。

2. 未来培训需求分析

这类培训需求是为满足企业未来发展需要而提出的培训需求,主要包括预测企业未来工作变化、职工调动情况、新工作职位对员工的要求以及员工已具备的知识水平和尚欠缺的部分。

（三）培训需求的层次分析

培训需求的层次分析从三个层次进行：战略层次、组织层次、员工个人层次。与此相对应，培训需求的层次分析可分为战略层次分析、组织层次分析和员工个人层次分析三种。

1. 培训需求的战略层次分析

战略层次分析要考虑各种可能改变组织优先权的因素，如引进一项新技术、突发性的紧急任务、领导人的更换、产品结构的调整、产品市场的扩张、组织的分合以及财政的约束等；还要预测企业未来的人事变动和企业人才结构的发展趋势（如高中低各级人才的比例、老中青各年龄段领导的比例等），调查了解员工的工作态度和对企业的满意度，找出对培训不利的影响因素和可能对培训有利的辅助方法。

2. 培训需求的组织层次分析

组织层次分析主要分析的是企业的目标、资源、环境等因素，准确找出企业存在的问题，并确定培训是否是解决问题的最佳途径。组织层次分析应首先将企业的长期目标和短期目标作为一个整体来考察，同时考察那些可能对企业目标发生影响的因素。因此，人力资源部只有弄清楚企业目标，才能在此基础上做出一份可行的培训规划。

3. 培训需求的员工个人层次分析

员工个人层次分析主要是确定员工目前的实际工作绩效与企业的员工绩效标准对员工技能要求之间是否存在差距，为将来培训效果的评估和新一轮培训需求的评估提供依据。对员工目前实际工作绩效的评估主要依据以下资料：员工业绩考核记录、员工技能测试成绩以及员工个人填写的培训需求调查问卷等资料。

三、培训需求分析的方法与程序

（一）培训需求分析的方法

任何层次的培训需求分析都离不开一定的方法与技术。而这种方法与技术又是多种多样的。在此，从宏观的角度探讨三种方法：必要性分析方法、全面性分析方法、绩效差距分析方法。

1. 培训需求的必要性分析方法

必要性分析方法的含义与内容：所谓必要性分析方法，是指通过收集并分析信息或资料，确定是否通过培训来解决组织存在问题的方法，它包括一系列的具体方法和技术。

九种基本的必要性分析方法与技术：①观察法。通过较长时间的反复观察，或通过多种角度、多个侧面对有典型意义的具体事件进行细致观察，进而得出结论。②问卷法。其形式可能是对随机样本、分层样本或所有的“总体”进行调查或民意测验。可采用各种问卷形式，如开放式、投射式、强迫选择式、等级排列式等。③关键人物访谈。通过对关键人物的访谈，如培训主管、行政主管、专家主管等，了解到所属工作人员的培训需要。④文献调查。通过对专业期刊、具有立法作用的出版物等的分析、研究，获得调查资料。⑤采访法。可以是正式的或非正式的、结构性的或非结构性的，可以用于一个特定的群体如行政机构、公司、董事会或者每个相关人员。⑥小组讨论。像面对面的采访一样，可以集中于工作（角色）分析、群体问题分析、目标确定等方面。⑦测验法。以功能为导向，可用于测试一个群体成员的技术知识熟练程度。⑧记录报告法。可以包括组织的图表、计划性文件、政策手册、审计和预算报告；对比较麻烦的问题提供分析线索。⑨工作样本法。采用书面形式，由顾问对已作假设并且相关的案例提供书面分析报告；可以是组织工作过程中的产物，如项目建议、市场分析、培训设计等。

2.培训需求的全面性分析方法

全面性分析方法是指通过对组织及其成员进行全面、系统的调查，以确定理想状况与现有状况之间的差距，从而进一步确定是否进行培训及培训内容的一种方法。

（1）全面性分析方法的主要环节

由于工作分析耗费大量时间，且需要系统的方法，因而分析前制订详细的计划对于全面分析方法的成功实施非常重要。在计划阶段，一般包括计划范围的确定和咨询团体的任命两部分内容。

（2）研究阶段

工作分析的规范制定以后，工作分析必须探究目标工作。首先检验的信息是工作描述。当研究阶段结束后，工作分析人员应该能从总体上描述一项工作。

(3)任务或技能目标阶段

这一阶段是工作分析的核心,有两种方法可以应用:一种是形成一个完全详细的任务目录清单,即每一项任务被分解成微小的分析单位;另一种方法是把工作仅剖析成一些任务,然后形成一个描述任务目录的技能目标。

(4)任务或技能分析阶段

工作任务的重要性是能够分析的维度或频率,频率即一定时间内从事一项任务的次数。其他维度包括所需要的熟练水平、严重性及责任感的强弱程度。熟练水平这一维度主要用来考查在不同的任务中是否需要高级、中级或低级的熟练水平。严重性这一维度主要考查何种任务如果执行得不适当、不合理将会产生灾难性后果。责任感的强弱程度这一维度主要用来考查在职工作人员在不同层次的监督下所表现出来的责任感的大小。

3.培训需求分析的绩效差距分析方法

绩效差距分析方法也称问题分析法,它主要集中在问题而不是组织系统方面,其推动力在于解决问题而不是系统分析。绩效差距分析方法是一种广泛采用的、非常有效的需求分析法。绩效差距分析方法的环节如下。

(1)发现问题阶段

发现并确认问题是绩效差距分析方法的起点。问题是理想绩效和实际绩效之间差距的一个指标。其类型诸如生产力问题、士气问题、技术问题、资料或变革的需要问题等。

(2)预先分析阶段

此阶段也是由培训者进行直观判断的阶段。在这一阶段,要注意两个问题:一项是如果发现了系统的、复杂的问题,就要运用全面性分析方法;另一项是确定应用何种方法收集资料。

(3)资料收集阶段

收集资料的技术有多种,各种技术在使用时最好结合起来,经常采用的有扫描工具、分析工具等。

(4)需求分析阶段

需求分析涉及寻找绩效差距。传统上,这种分析考查实际个体绩效同工作说明之间的差距。然而,需求分析也考查未来组织需求和工作说明。既然如此,工作设计和培训就高度结合起来。我们可以把需求分析分为工作需求、个人需求和组织需求三个方面。

(5)需求分析结果

需求分析结果是通过一个新的或修正的培训规划解决问题,是全部需求分析的目标所在。对结果进行分析后,最终确定针对不同需求采取的不同培训方法及不同的培训内容。

(二)培训需求分析的程序

1.做好培训前期的准备工作

培训活动开展之前,培训者就要有意识地收集有关员工的各种资料。这样不仅能在培训需求调查时方便调用,而且能够随时监控企业员工培训需求的变动情况,以便在恰当的时候向高层领导者请示开展培训。

(1)建立员工培训档案

培训部门应建立起员工的培训档案,培训档案应注重员工素质、员工工作变动情况以及培训历史等方面内容的记载。员工培训档案可参照员工人事档案、员工工作绩效记录表等方面的资料来建立。另外,培训者应密切关注员工的变化,随时向其档案里添加新的内容,以保证档案的及时更新和监控作用。

(2)同各部门人员保持密切联系

培训工作的性质决定了培训部门和其他部门之间保持更密切的合作联系,随时了解企业生产经营活动、人员配置变动、企业发展方向等方面的变动,使培训活动开展起来更能满足企业发展需要,更有效果。培训部门工作人员要尽可能和其他部门人员建立起良好个人关系,为培训收集到更多、更真实的信息。

(3)向主管领导反映情况

培训部门应建立一种途径,满足员工随时反映个人培训需要的要求。可以采用设立专门信箱的方式,或者安排专门人员负责这一工作。培训部门了解到员工需要培训的要求后应立即向上级汇报,并汇报下一步的工作设想。如果这项要求是书面的,在与上级联系之后,最好也以书面形式作答。

(4)准备培训需求调查

培训者通过某种途径意识到有培训的必要时,在得到领导认可的情况下,就要开始需求调查的准备工作。

2. 制订培训需求调查计划

培训需求调查计划应包括以下四项内容。

(1)培训需求调查工作的行动计划

培训需求调查工作的行动计划即安排活动中各项工作的时间进度以及各项工作中应注意的一些问题,这对调查工作的实施很有必要。特别是对于重要的、大规模的需求分析,有必要制订一个行动计划。

(2)确定培训需求调查工作的目标

培训需求调查工作应达到什么目标,一般来说完全出于某种培训的需要,但由于在培训需求调查中会有各种客观或主观的原因,培训需求调查的结果并不是完全可信的。所以,要尽量排除其他因素的影响,提高培训需求调查结果的可信度。

(3)选择合适的培训需求调查方法

应根据企业的实际情况以及培训中可利用的资源选择一种合适的培训需求分析方法。如工作任务安排非常紧凑的企业员工不宜采用面谈法,专业技术性较强的员工一般不用观察法。

(4)确定培训需求调查的内容

确定培训需求调查内容的步骤如下:首先要分析这次培训调查应得到哪些资料;其次排除手中已有的资料,就是需要调查的内容。培训需求调查的内容不要过于宽泛,以免浪费时间和费用;对于某一项内容可以从多角度调查,以便取证。

3. 实施培训需求调查工作

在制订了培训需求调查计划以后,就要按计划规定的行动依次开展工作。实施培训需求调查主要包括以下步骤。

(1)提出培训需求动议或愿望

由培训部门发出制订计划的通知,请各责任人针对相应岗位工作需要提出培训动议或愿望。培训需求动议应由理想需求与现实需求或预测需求与现实需求存在差距的部门和岗位提出。

(2)调查、申报、汇总需求动议

相关人员根据企业或部门的理想需求与现实需求或预测需求与现实需求的差距,调查、收集来源于不同部门和个人的各类需求信息,整理、汇总培训需求的动议和愿望,并报告企业培训组织管理部门负责人。

(3)分析培训需求

申报的培训需求动议并不能直接作为培训的依据。因为培训需求常常是一个岗位或一个部门提出的,存在一定的片面性,所以对申报的培训需求进行分析,就是要消除培训需求动议的片面性,也就是说要全方位分析。

(4)汇总培训需求意见,确认培训需求

培训部门对汇总上来并加以确认的培训需求列出清单,参考有关部门的意见,根据重要程度和迫切程度排列培训需求,并依据所能收集到的培训资源制订初步的培训计划和预算方案。

4.分析、输出培训需求结果

(1)对培训需求调查信息进行归类、整理

培训需求调查信息来源于不同的渠道,信息形式有所不同,因此,有必要对收集到的信息进行分类,并根据不同的培训调查内容进行信息的归档,同时要制作表格对信息进行统计,并利用直方图、分布曲线图等工具将信息所表现趋势和分布状况予以形象地处理。

(2)对培训需求分析、总结

对收集上来的调查资料进行仔细分析,从中找出培训需求。此时应注意个别需求和普遍需求、当前需求和未来需求之间的关系。要结合业务发展的需要,根据培训任务重要程度和紧迫程度对各类需求进行排序。

(3)撰写培训需求分析报告

对所有的信息进行分类处理、分析总结以后,根据处理结果撰写培训需求分析报告,报告结论要以调查信息为依据,不能凭个人主观看法得出结论。

第三节 培训计划制订与实施

培训计划直接关系培训与开发活动的成败,是确定培训内容和方法、评估培训效果的主要依据。因此,必须了解什么是培训计划、培训计划包括哪些内容、如何制订培训计划。

一、培训计划工作概述

（一）培训计划的概念

培训计划是按照一定的逻辑顺序排列的记录，它是从组织的战略出发，在全面、客观的培训需求分析基础上做出的对培训内容、培训时间、培训地点、培训者、培训对象、培训方式和培训费用等的预先系统设定。

（二）培训计划的类型

培训计划要着重考虑可操作性和效果。以时间跨度为标准，培训计划可以分为长期培训计划、中期培训计划、短期培训计划。

1. 长期培训计划（3年以上）

长期培训计划必须明确培训的方向性，考虑组织的长远目标、个人的长远目标、外部环境发展趋势、目标与现实的差距、人力资源开发策略、培训策略、培训资源配置、培训支援的需求、培训内容的整合、培训行动步骤、培训效益预测、培训效果预测等因素。

2. 中期培训计划（1—3年）

中期培训计划是长期培训计划的进一步细化，要明确培训中期需求、培训中期目标、培训策略、培训资源分配等因素。

3. 短期培训计划（1年以下）

从目前国内组织的培训实践来看，通常所说的培训计划大多是短期培训计划，更多的是某次或某项目的培训计划。

以上三种培训计划属于从属关系，从长期到短期培训计划工作不断细化。

二、培训计划的制订

（一）确立培训目的与目标

1. 培训目标的分类

培训目标可以分为增强员工在企业中的角色意识、提高知识和技能、转变态度动机几类。培训目标可分为若干层次，从某一培训活动的总体目标到某个学科直至每堂课的具体目标，越往下越具体。

2. 确定培训目标的注意事项

确定培训目标应当和组织长远目标相吻合，一次培训的目标不要太多，要从学习者的角度出发，明确说明预期课程结束后学员可以拥有哪些知识、信息及能力。目标确立应符合SMART原则，即目标必须是具体的(Specific)，目标必须是可以衡量的(Measurable)，目标必须是可以达到的(Attainable)，目标必须和其他目标具有相关性(Relevant)，目标必须具有明确的截止期限(Time-based)。

（二）确定培训时间

培训时间主要包括培训时机和培训的持续时间。

1. 选择培训时机

企业可选择以下时间作为培训时机：①新员工加盟时。②新技术、新设备引进或生产工艺流程变更时。③满足补救需要时（缺乏合格员工）。

2. 确定培训的持续时间

企业应根据以下因素确定培训的持续时间：①培训内容。②培训费用。③学员素质。④学员的工作与休闲时间的分配。

（三）确定培训场所与设施

确定培训场所与设施时必须注意以下问题：①培训场所的多样化。②判断培训场所与设施的基本要求，即舒适度与合适度。③场所选择必须考虑各种细节。

（四）确定培训者

培训者有广义和狭义之分。广义的培训者包括培训部门领导人、培训管理人员以及培训师；狭义的培训者专指培训师。

1. 培训部门领导人的条件

培训部门领导应具备以下条件：①对培训工作富有热情，具有敬业精神。②有培训与开发工作的实际经验。③以身作则，对受训者和自己一视同仁。④富有远见，能清楚地分析组织的培训要求，对人力资源发展有战略眼光。⑤有良好的知识结构，特别是有培训与开发的专业知识。⑥有良好的职业道德品质和身体状况。

2. 培训管理人员的条件

培训管理人员应具备以下条件：①善于与人打交道。②工作主动、积极。③有任劳任怨的精神。④有一定的组织管理能力。

3. 培训师的条件

培训师是企业培训活动的关键环节，培训师资水平直接影响培训活动的实施效果，甚至可能会影响企业领导对人力资源部门和企业培训与开发工作的基本看法。培训师可以来自企业内部或外部。优秀的培训师需要具备以下素质和技能。

(1)态度

培训师应当喜欢培训工作，符合"3C"，即关心(Care)、创造性(Creativity)和勇气(Courage)。

(2)能力

培训师应当具备信息转化能力、良好的交流和沟通能力、一定的组织管理能力、创新能力。

企业内部的培训师是企业培训师资队伍的主体，他们能有效传播企业真正需要的知识与技能，对企业有效经验和成果进行共享和复制；同时选择优秀员工担任培训师，为员工职业生涯发展开辟更广阔的道路。所以，企业应注意对内部培训师的培养和激励以及制度建设问题。

外部培训师的选拔同样要遵照相应的程序，还应考虑促进外部培训师授课成果的有效转化。内外部培训师的优缺点比较如表4-4所示。

表4-4　内外部培训师的优缺点比较

	优点	缺点
内部培训师	①了解企业，培训有针对性，利于增强培训效果；②与学员相互熟悉，交流顺畅；③培训相对易于控制；④成本较低	①不易在学员中树立威望，影响学员参与度；②内部选择范围小，不易开发高质量的教师队伍；③看待问题受环境影响，不易上升高度
外部培训师	①选择范围大，可得到高质量培训师资；②可带来许多全新的理念；③对学员具有较大的吸引力；④可提高培训档次，引起企业重视；⑤容易营造气氛，获得良好的培训效果	①对企业缺乏了解，加大风险；②教师与企业及学员之间缺乏了解，可能降低培训适用性；③学校教师缺乏实际工作经验，易导致纸上谈兵；④聘用成本较高

(五)确定培训对象

一般而言，组织内有三类人员需要培训。

可以改进目前工作的员工：培训可以使他们更加熟悉自己的工作和技术。

有能力而且组织要求他们掌握另一门技术的员工:培训的目的是将其安排到更重要、更复杂的岗位上。

有潜力的员工:经过培训让他们进入更高层的岗位。

培训对象确定后,最好能立即列出该对象的相关资料,如平均年资、教育背景、共同特质、曾参加过的培训等。

(六)确定培训内容与项目

培训内容应服务于培训目的与目标。培训的内容一定要科学,既要考虑系统性、适用性,也要考虑超前性,并根据不同的对象和不同的时间有所变化。

1.确定培训内容与项目的依据

确定培训内容与项目的依据主要有以下三种:以工作岗位标准为依据;以生产/服务质量标准为依据;以组织的发展目标为依据。

2.确定培训内容与项目的分析方法

确定培训内容与项目的分析方法主要有以下四种:任务分析法;缺陷分析法;技能分析法;目标分析法。

(七)确定培训方法

培训内容确定后,可以依据知识性课程、技能性课程、态度性课程等不同的课程,选择相适应的培训方法。培训方法主要包括课堂讲授法、研讨法、角色扮演法、游戏法、案例法、敏感性训练、视听法、程序指导、头脑风暴法、模拟法等。

(八)确定培训与开发预算

培训与开发预算是指在一段时间内(通常是12个月)培训与开发部门所需要的全部开支。培训与开发预算主要由五部分构成,包括培训场地及设施,与培训相关人员的食宿费,培训器材、教材费,培训相关人员工资以及外聘教师讲课费,交通差旅费等。

培训与开发预算的确定主要有六种方法。

1.比较预算法

参考同行业平均培训预算与优秀企业培训预算,结合本企业实际情况确定。

2. 比例确定法

对某一基准值设定一定的比率来决定培训经费预算额。根据企业全年产品的销售额或总经费预算的一定百分比来确定培训经费预算。

3. 人均预算法

预先确定企业内部人均培训经费预算额,再乘在职人员数量。

4. 推算法

根据过去培训的使用额来推算,或与上一年度对比决定预算。

5. 需求预算法

根据企业培训需求确定一定时限内必须开展的培训活动,分项计算经费,然后加总求和。

6. 费用总额法

企业划定人力资源部门全年费用总额后,再由人力资源部门自行分配预算。[①]

三、编制培训计划书

(一)概念

培训计划书是关于培训计划制订结果的一份文字总结。具体包括培训项目名称、培训目的、培训进度、培训内容、培训步骤、意外控制、注意事项、策划人、日期等。

(二)作用

编制培训计划书的作用有三个:第一,可对整个项目做一个清晰的交代,同时充分陈述项目的意义、作用和效果,简化培训程序。第二,信息与分析结果高度浓缩的培训计划书可为高层领导的决策提供必要的依据和便利。第三,可预先帮助管理者加深对培训项目各个环节的了解,从而做到统筹规划。

(三)编写技巧

编制培训计划书的技巧如下:①项目名称要尽可能详细地写出。②应写明培训计划者所属部门、职务、姓名。团队形式则应写出团队名称、负责人、成员姓名。③培训计划的目的要尽可能简明扼要,突出核心要点。

①王巧萍. 人力资源劳动就业培训效果的提升研究[J]. 今日财富,2024(18):116-118.

④培训计划书内容应在认真考虑受众的理解力和习惯的基础上详细说明，表现方式宜简单明了，并可适当加入一些图表。⑤详细阐述计划培训的预期效果与预测效果，并解释原因。⑥对计划中出现的问题要全部列明，不应回避，并阐述计划者的看法。⑦培训计划书是以实施为前提编制的，通常会有很多注意事项，在编写时应将它们提出来供决策者参考。

四、培训材料

培训材料是指能够帮助学习者达成培训目标、满足培训需求的所有资料，具体包括课程描述、课程的具体计划、学员用书、课前阅读资料、教师教学资料包（视听材料、练习册、背景资料、电脑软件等）、小组活动的设计与说明、测试题目。

五、培训实施

（一）明确培训学习的原则

1. 近期目标和长远战略相结合的原则

为了制订科学的、切实可行的培训计划，应该对企业人才需求进行预测，并且充分考虑到企业的生产经营特点、近期目标、长远规划以及社会劳动力供求变化趋势等因素。要对培训的目标、方法、效益进行周密、细致的研究。通过制订和执行培训计划，保持培训的制度化和连续性。企业还应建立培训效果的追踪检查方案，并根据生产经营的变化，随时对培训计划作出相应的修订。

2. 全员培训与重点提高相结合的原则

全员培训就是有计划、有步骤地对在职的所有员工进行培训，这是提高全体员工素质的必经之路。为了提高培训投入的回报率，培训必须有重点，即注重对企业兴衰有着重大影响的管理和技术骨干，特别是中高层管理人员的培训；再者，有培养前途的梯队人员，更应该有计划地进行培训与开发。

在坚持全员培训与重点提高相结合的原则的同时，要因材施教，处理好学员共性和个性的关系。也就是说，要针对员工的不同文化水平、不同职务岗位、不同要求以及其他差异，区别对待。只有这样，才能最大限度地发挥培训的功能，使员工的才能在培训活动中得到培养和提高，并在生产经营中得以实现。

3.知识技能培训与企业文化培训兼顾的原则

培训与开发的内容，除了文化知识、专业知识、专业技能外，还应包括理想、信念、价值观、道德观等方面的内容。而后者又要与企业目标、企业文化、企业制度、企业优良传统等结合起来，使员工在各方面都能够符合企业的要求。

4.理论联系实际，学以致用的原则

员工培训应当有明确的针对性，一定要从实际工作的需要出发，根据企业的实际需要组织培训，使培训与生产经营实际紧密结合，与职位特点紧密结合，与培训对象的年龄、知识结构、能力结构、思想状况紧密结合，目的在于通过培训让员工掌握必要的技能以完成规定的工作，最终为提高企业的经济效益服务。企业培训既不能片面强调学历教育，也不能片面追求立竿见影。

5.培训效果的反馈与强化原则

培训效果的反馈与强化是不可缺少的重要环节。培训效果的反馈指的是在培训后对员工进行检验，其作用在于巩固员工的学习技能，及时纠正错误和偏差。反馈的信息越及时、准确，培训的效果就越好。强化则是指由于反馈而对接受培训人员进行的奖励或惩罚。其目的一方面是奖励接受培训并取得绩效的人员；另一方面是加强其他员工的培训意识，使培训效果得到进一步强化。

6.培训活动的持久性原则

培训作为人力资源体系中的一个很重要的环节，要充分认识到培训的持续作用。仅靠几次培训很难达到预期效果，也不符合人力资源发展规律，那种试图“一蹴而就”的做法是不可取的，时冷时热式的培训虽然可以在一定程度上取得效果，但会挫伤员工的积极性。

7.培训活动的协调性

第一是时间上的协调。有的培训需要较长的时间，这就不可避免地产生时间冲突，尤其是与员工私人时间的冲突。如果占用太多私人时间，员工参加培训时就会心不在焉，培训效果自然大打折扣。

第二是组织上的协调。有的培训很难把参加的人员组织好，诸如出差、工作忙、开会等因素都会影响培训的人员安排，这就需要培训部门和相关人员协调好，保证大家都有机会参加。

（二）合理选择培训的方法

员工培训的方法是指培训主体（通常是企业）为了实现培训目标而采取的作用于企业员工的各种方式、形式、手段和程序等的总和。它是实现企业员工培训目标的中介和桥梁，是整个员工培训系统的重要组成部分，是提高员工培训实效性的关键之一。企业员工培训方法的综合把握和有效调适，对提高员工培训的实效性有着重要意义。

1. 目前我国企业员工培训方法存在的问题

目前，我国企业员工的培训工作已经取得了一些成就，尤其是一些大企业的员工培训，已经具有相当高的水平。但是受传统观念的束缚，目前企业的员工培训方法在很多方面已经和时代不相吻合，主要存在着以下弊端。

（1）观念落后，认识不足

相当一部分企业将员工培训看作单纯的投入，所以尽可能地减少培训人数和费用。这是一种典型的短视行为，只看到了短期的投入，而没有看到员工培训为企业长远发展所培养、积攒的人力资本。这种陈旧的观念和思想很难与社会同步，需要及时更新。

（2）只重技能，不重素质

企业员工培训的内容很多，一般由知识培训、技能培训和素质培训组成。我国企业的员工培训主要停留在员工的知识和技能方面，对于其他方面则做得不够。例如，对企业文化的传承、企业内聚力的加强、员工工作热情的激发等方面认识不足，导致我国企业员工的培训只注重技能培训而忽视素质培训。其结果是虽然员工技能得到了长足的提高，但缺乏正确的工作态度和优良的职业精神，导致员工离职率居高不下，企业的培训投入无法得到回报。

（3）不成体系，方法老套

一份权威机构对我国企业的培训调查报告显示，92%的企业没有完善员工培训体系，仅有42%的企业有自己的培训部门。很多企业一提到员工培训，就是办场讲座或是外派学习一周等形式，很少考虑自身需要，只是为培训而培训。

（4）流于表面，缺乏激励

大部分企业只是注重培训的现场状况，只对培训的组织、培训讲师的表现等最表面的东西进行考评，而对于培训对员工行为的影响，甚至对公司整体绩效的影响却不去考评。外派培训则更为简单，只看培训者有没有培训的合格证书，流于表面，不重视培训的内涵。

2. 完善企业员工培训方法的途径

针对目前国内企业员工培训工作中所存在的弊端和不足，企业员工培训工作要根据企业培训的新目标、新内容，总结其他企业的培训经验，建立符合自身特色和时代特征并符合规律性、富有实效性的系统方法，具体需要从以下四个方面努力。

（1）注意运用渗透式培训方法

不断加强渗透式培训，是今后企业员工培训方法发展的一个趋势。企业应借鉴国内外先进大公司的有益做法并结合自身特点，探索具体渗透方法。首先，寓员工培训于企业文化建设之中。可通过企业愿景、战略目标、企业价值观等的宣传，引导员工从中获得良好的企业氛围熏陶，以此提高综合素质，摆正价值取向，选择与企业发展一致的职业生涯。其次，寓员工培训于开放模式之中，开放型的培训模式应该是“面向世界、面向社会、走出企业、多方参与、内外开放、齐抓共管”的模式。

（2）注意运用隐性培训的方法

我国企业的员工培训比较侧重显性方法，即能让员工明显感到培训意图的方法。这种方法有利于对员工进行正面系统的理论培训，而且容易对培训过程进行监控和评估。但光靠显性方法是不够的，应结合企业实际，借鉴运用隐性培训方法，使员工在不知不觉中得到提高。

（3）注意运用灵活多样的培训方法

正确认识员工的层次性、差异性，是实施灵活多样的培训方法的前提。这就需要与时俱进，以更加多样的方法增强员工培训的针对性和实效性。当然，强调员工培训方法的多样性，并不等于否定员工培训内容的主导性，应用培训方法的多样性来丰富培训主导性的内容，两者相互依存、相互促进、共同发展。

（4）注意科学化的培训方法

传统的企业培训从“本本”出发，沿袭常规不变的教条，而当今时代的员工培训从目标设计到具体实施都经过科学的评估和实验过程，是经过反复论证筛选的结果。科学化的培训方法既表现在普遍使用各种较先进的科技来辅助培训，用计算机来处理分析有关资料，也表现在培训观念更新和实践领域的通俗化上。

3. 员工培训的常用方法

随着企业员工培训理论的不断发展和深入，企业对员工培训的方法也变得日趋多样和成熟。员工培训主要的方法有授课法、研讨法、案例法、工作轮换法、户外拓展等。企业培训方式的选择对培训效果有直接影响，因此，对不同的培训对象和培训内容，只有选择不同的培训方法，才能达到企业员工培训的目的。

(1)授课法

授课法是最普遍的员工培训方法，是通过讲师的语言和演示，向员工传授知识和技能。授课法具有方便实施、效率高的特点。在实施授课法时，企业员工培训的内容要符合企业和员工的需求，并考虑员工的接受能力。讲师的选择也是关键，要选择专业经验丰富的授课老师。

(2)研讨法

研讨法是员工培训的重要方法之一，是鼓励员工就所学知识提问、探讨的一种培训方式。通过员工之间的交流来解决学习和生产中存在的问题，这样有助于巩固理解学习的知识，培养员工的综合能力和解决问题的能力。

(3)案例法

案例法源自国外大学的教学模式，是研讨教学法的延伸。这种方法的主要优点是鼓励员工认真思考、主动参与，并发表个人见解和体会，以此培养员工的表达能力、合作精神。案例法的重点在于如何提高员工培训效果，难点在于教学案例的开发。

(4)工作轮换法

工作轮换法是将员工调到另一个工作岗位去工作，也叫“轮岗培训”。工作轮换法能帮助员工理解多种工作环境，扩展员工的工作经验，适合于培训综合型管理人员。

(5)户外拓展

户外拓展主要是利用有组织的户外活动来培训团队协作能力。这种方法适用于培训与团队效率有关的技能，如自我意识、问题解决、冲突管理和风险承担。户外拓展培训的方式一般是团体性的体育活动或游戏，如登山、野外行军、攀岩、走木桩、翻越障碍及各种专门设计的游戏。企业员工培训方案如果采取户外拓展,一定要有针对性,要通过活动来达到培训员工的目的。

(三)培训内容的选取

1.培训内容选取的原则

(1)学以致用

企业培训与社会办学不同,社会办学强调的是强化基础、宽化专业,这是因为学生毕业后面对的是整个社会,大多数人很难匹配到狭义上的"对口专业",只有具备了扎实的基础知识和宽广的专业面,才能较从容地面对就业。而在企业中,每一个员工都有自己的工作岗位,所要适应的知识和技能有一个基本确定的范围。因此,企业对员工的培训应该围绕着这个范围来展开。这样,员工学得会、用得上、见效快,企业成本也低,从而实现成本收益的最优化。

(2)培训的结果对企业和员工都有利

在培训活动中,企业投入的是人、财、物等资源,目的是提升企业的技术能力、产品质量和生产效率,进而提高企业在市场上的竞争力;员工投入的是时间、精力,目的是提升自身的素质和工作技能,赢得尊重,为日后更换工作岗位、晋升、加薪做好准备。

(3)内容丰富、形式多样

在企业中,员工的职系分工不同,应用的知识、技能随之不同;员工的职位层级不同,应用知识、技能的深浅程度也不同。为使每一个员工都得到有针对性培训,必须有丰富的培训内容。员工培训绝不可理解为单调地上课。根据培训的对象、目的、时间周期、培训人数等,培训可采用军体训练、授课讲座、办短训班或集训队、跟班学习、班组研讨会、外派学习、师傅带徒弟、户外活动等多种形式进行。

2.新员工培训的主要内容

新员工的岗前培训是最常见的企业培训之一。与一般的企业员工培训不同,新员工培训主要侧重于两个方面:①帮助新员工熟悉企业的工作环境,让他们轻松愉快地成为企业中的一员;②使新员工了解必要的知识和技能,了解公司的运作程序,使他们熟悉公司的设施和他们的岗位责任。

3. 在职员工培训的主要内容

在企业培训中，对在职员工的培训占整个企业培训工作量的80%～90%。在职员工不仅人数众多、培训需求千差万别、现有水平参差不齐，而且这种培训需要长期持续不断、逐步深入地进行。因此，对企业在职人员培训内容的确定，是做好企业培训工作的关键之一。在职员工培训主要侧重于对新知识、新技术的培训。

第四节 培训效果评估

一、培训效果评估的作用

在企业培训的某一项目或某一课程结束后，一般要对培训效果进行一次总结性的评估或检查，以便找出受训者究竟有哪些方面的收获与提高。

培训效果评估是一个完整的培训流程的最后环节，它既是对整个培训活动实施成效的评价与总结，同时评估结果又为下一个培训活动确定培训需求提供了重要信息，是以后培训活动的重要依据。在运用科学的方法和程序获取培训活动的系统信息前提下，培训效果评估能够帮助企业决策者做出科学的决策，提高培训项目的管理水平，并确保培训活动实现所制定的目标。

（一）培训效果评估是整个培训系统模型的重要组成部分

在整个培训系统中，培训效果评估是一个非常重要的组成部分。没有培训效果评估，整个培训系统将不完整。一个完整的培训系统模型，应该从组织、工作和个人三方面进行分析，以确定培训需求；然后进行培训目标的确定，通过确定培训目标，可以确定培训的对象、内容、时间和方法等；接下来是进行培训计划的拟订，这是培训目标的具体化和操作化；下一步是实施培训活动；最后一步便是培训效果评估。在进行评估时，通过对整个培训项目的成本收益或存在的问题进行总结，为下次培训项目的开展和改进提供有力的帮助。

（二）培训效果评估是培训循环系统的一个关键环节

培训过程应该是一个系统性的循环过程。在这个循环系统中，培训效果评估同样是整个过程的重要环节，属于独立的核心部分，是整个培训系统的一部分，而不是一个孤立的环节，它的变化将影响许多其他子系统的变化。培训效果评估在整个培训系统中具有重要的地位，它会给培训过程其他环节带来益处。

（三）培训效果评估可以提高培训的地位

企业培训不同于学校教育。学校教育是一种文化活动，其宗旨是提高全民文化素质，而不要求立即获得现实的经济利益。但是，企业培训通常由企业自身承担，需要消费企业的稀缺资源。培训效果评估能够反映出培训对于企业的作用，同时也充分体现出人力资源部门在组织中的重要作用。特别是在评估中采用一些定量指标进行分析，能够让组织中的每个员工和管理者看到培训投资的有效性，证明培训投资决策的正确性。提高组织管理者对培训的重视，加大对培训的投入。

二、培训效果评估的内容

有关培训效果评估的最著名模型是由柯克帕特里克提出的。从评估的深度和难度看，柯克帕特里克的模型包括反应层、学习层、行为层和结果层四个层次，如表4-5所示，这也是培训效果评估的主要内容。人力资源培训人员要确定最终的培训评估层次和内容，因为这将决定要收集的数据种类。

表4-5　柯克帕特里克的四层次评估标准框架

层次	标准	重点
1	反应层	受训者满意程度
2	学习层	知识、技能、态度、行为方式等方面的收获
3	行为层	受训者在工作中行为的改进
4	结果层	受训者在培训后获得的绩效

（一）反应层评估

反应层评估是指受训人员对培训项目的看法，包括对材料、讲师、设施、方法和内容等的看法,这些反应可以作为评估培训效果的内容和依据。反应层评估的主要方法是问卷调查。问卷调查是在培训项目结束时,收集受训人员对于培训项目的效果和有用性的反应,受训人员的反应对于重新设计或继续培训项目至关重要。反应问卷调查易于实施,通常只需要几分钟的时间。

(二)学习层评估

学习层评估是目前最常见也最常用到的一种评价方式。它是测量受训人员对原理、事实、技术和技能的掌握程度。学习层评估的方法包括笔试、技能操练和工作模拟等。培训组织者可以通过笔试、绩效考核等方法来了解受训人员培训后在知识以及技能方面有多大程度的提高。

(三)行为层评估

行为层评估往往发生在培训结束后的一段时间,由上级、同事或客户观察受训人员,确定其行为在培训前后是否有差别,他们是否在工作中运用了培训中学到的知识。这个层次的评估可以包括受训人员的主观感觉、下属和同事对其培训前后行为变化的对比,以及受训人员本人的自评。这种评价方法要求人力资源部门与职能部门建立良好的关系,以便不断获得员工的行为信息。

(四)结果层评估

结果层评估上升到组织的高度,即评估组织是否因为培训而经营得更好。这可以通过一些指标来衡量,如事故率、生产率、员工流动率、质量、员工士气以及企业对客户的服务等。通过对这些组织指标的分析,企业能够了解培训带来的收益。例如,人力资源开发人员可以通过比较培训前后事故率,分析事故率的下降有多大程度归因于培训,确定培训对组织整体的贡献。[①]

三、培训效果评估的方法

(一)培训效果的定性、定量评估方法

1.培训效果的定性评估方法

培训效果的定性评估方法是指评估者在调查研究、了解实际情况的基

①续进. 浅析中小企业培训存在的问题及对策[J]. 市场周刊,2024,37(14):179-182.

础之上，根据自己的经验和相关标准，对培训效果作出评价的方法。这种方法的特点在于评估的结果只是一种价值判断，如“培训整体效果较好”“培训讲师教学水平很高”之类的结论，因此它适合于对不能量化的因素进行评估，如员工工作态度的变化。目前，国内大多数企业采用这种培训评估方法。

2. 培训效果的定量评估方法

定性评估方法只能对培训活动和受训人员的表现作出原则的、大致的、趋向性的判断，而定量评估方法能对培训作用的大小、受训人员行为方式改变的程度及企业收益多少给出数据解释，通过调查统计分析来发现和阐述行为规律。从定量分析中得到启发，然后以描述形式来说明结论，这在行为学中是常见的处理方法。

(二)培训效果评估的主要技术方法

培训效果评估技术通过建立培训效果评估指标及评估体系，对培训的成效进行检查与评价，把评估结果反馈给相关部门。它可作为下一步培训计划与培训需求分析的依据之一。以下介绍五种培训效果评估的技术方法。

1. 目标评价法

目标评价法要求在制订培训计划时，将受训人员完成培训计划后应学到的知识、技能，应改进的工作态度及行为，应达到的工作绩效标准等目标列入其中。培训课程结束后，应将受训者的测试成绩和实际工作表现与既定培训目标相比较，得出培训效果，作为衡量培训效果的根本依据。目标评价法操作成功的关键在于确定培训目标，所以在培训实施之前企业应制定具有可确定性、可检验性和可衡量性的培训目标。

2. 绩效评价法

绩效评价法是由绩效分析法衍生而来的。它主要用于评估受训者行为的改善和绩效的提高。绩效评价法要求企业建立系统而完整的绩效考核体系。在这个体系中，要有受训者培训前的绩效记录。在培训结束3个月或半年后，对受训者再进行绩效考核时，只有对照以前的绩效记录，企业才能明确地看出培训效果。

3. 关键人物评价法

所谓的关键人物是指与受训者在工作上接触较为密切的人，可以是他的上级、同事，也可以是他的下级或者顾客等。有研究发现，在这些关键人物中，同级最熟悉受训者的工作状况，因此，可采用同级评价法，向受训者的同级了解其培训后的改变。这样的调查通常很容易操作，可行性强，能够提供很多有用信息。

4.测试比较法

无论是国内的学者还是国外的学者，都将员工通过培训学到的知识、原理和技能作为企业培训的效果。测试比较法是衡量员工知识掌握程度的有效方法。在实践中，企业会经常采用测试法评估培训效果，但效果并不理想，原因在于没有加入任何参照物，只是进行简单的测试。而有效的测试法应该是具有对比性的测试比较法。

5.收益评价法

企业的经济性特征迫使企业必须关注培训的成本和收益。收益评价法就是从经济角度综合评价培训项目，计算出培训为企业带来的经济收益。

这五种培训效果评估方法，一般可以多种方法联合使用。企业在操作中，可以利用一些常用的工具，如问卷调查、座谈会、面谈、观察等，取得相关数据，再将两组或多组不同的数据进行分析比较。

第五章 绩效管理

第一节 绩效管理概述

一、绩效的含义与特点

（一）绩效的含义

绩效是指员工在工作过程中所表现出来的与企业目标相关的并且能够被考核的工作业绩、工作能力和工作态度。其中，工作业绩是指工作的结果，工作能力和工作态度则是指工作的行为。广义的绩效包括两个层次的含义：一是指整个企业的绩效；二是指员工的工作绩效。我们这里主要研究的是后者，即员工的工作绩效。

对于绩效的含义，学者们通常有两个不同的理解。一种是从工作的结果角度出发理解绩效。如伯纳迪恩（Bernadin）认为，绩效应该定义为工作的结果，因为这些工作结果与企业的战略目标、顾客满意度及所投资金最为密切。凯恩（Kane）认为，绩效是一个人留下的东西，这种东西与目的相对独立存在。该观点认为，绩效是工作所达到的结果。另一种是从工作行为的角度理解"绩效"。默菲（Murphy）认为，绩效是与一个人在其工作的企业或单位的目标有关的一组行为。坎贝尔（Campbell）认为，绩效是行为，应该与结果区分开，因为结果会受系统因素的影响。

综合不同学者的看法，绩效的含义应该包括为实现企业预定目标所采取的有效工作行为和有效工作成果两个方面。

（二）绩效的特点

绩效具有多因性、多维性、动态性三个主要的特点。

1. 多因性

多因性是指员工绩效的好坏不是由哪一个单一因素决定的，而是受主、客观多种因素的共同影响，既包括员工个体的知识和能力，也包括外在的环境和机会(见图5-1)。

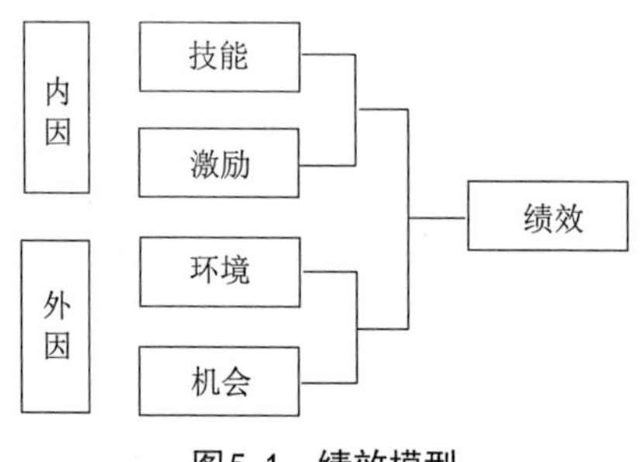

图5-1 绩效模型

绩效和影响绩效的因素之间的关系可以用如下公式表示：$P = F(S,O,M,E)$

在这个关系式中：F表示一种函数关系。P(Performance)，就是“绩效”。S(Skill)，就是“技能”，是指员工的工作技巧和具备的能力。O(Opportunity)，就是“机会”，主要由外部环境的变化提供。M(Motivation)，就是“激励”，指员工在工作过程中所受的激励，它是推动取得绩效的主要因素。E(Environment)，就是“环境”，指员工进行工作的客观条件，包括物质条件、制度条件、人际关系条件等。

从影响绩效的因素来看，技能和激励是绩效的内部制约因素，企业应该以科学的方法提高员工的技能水平和调动他们的积极性。环境和机会是绩效的外部制约因素，企业也要尽可能为员工创造良好的条件，制定公平、公正的人力资源管理政策。

2. 多维性

多维性是指员工的绩效往往是体现在多个方面的。例如，一名操作工人的绩效，其表现除了生产产品的数量、质量外，还要考虑原材料的消耗、能耗。另外，员工的出勤情况、工作纪律及在团队合作中的表现等也需要综合加以考虑。又如，一位生产部经理，他的工作绩效好坏不仅表现在他所管理部门的经营指标上，而且跟他对部下的指导、监督及他在工作中的创新等方面相关。因此，只有从多方面对员工的绩效进行考核，才能做出全面的、恰如其分的评价。

3. 动态性

动态性是指一个员工的绩效好坏并不是长期固定不变的，会随着主客观条件的变化而发生变动。绩效往往是针对某一特定时期而言的,在不同的考核周期里,考核者要注意工作任务实现的难易程度、外部环境的好坏程度等给予员工正确的评价。另外,在考核员工时,应以发展的眼光看待员工的绩效。①

二、绩效管理

(一)绩效管理

绩效管理是指通过制定员工的绩效目标,收集与绩效有关的信息,定期对员工的绩效目标完成情况做出考核和反馈,以确保员工的工作活动和工作产出与企业保持一致,从而使企业目标得以实现的过程与方法。绩效管理的核心是进行绩效考核,绩效管理的目的是通过提高员工的绩效水平来提高企业的绩效。

绩效管理是在确保员工的工作行为和工作结果与企业目标一致的前提下,管理者和员工就绩效问题进行双向沟通并促进个人与企业共同发展的持续过程。具体而言,它包括以下三层含义。

绩效管理是建立共识的过程。企业首先把自身的目标与关键的成功因素具体化为工作绩效指标,然后通过沟通,让员工理解绩效标准是什么,通过什么途径、方式能达到这种标准。这些标准可以是一系列任务、目标或结果,也可以是一系列行为,但必须明晰并使员工能够接受,这样员工才能明确努力的方向。

绩效管理是一个持续的管理过程。它不仅是一套表格、一个年度考核结果以及奖励计划,更是融入员工的日常行为,以期改进和提高绩效的持续管理过程。

绩效管理的最终目的是最大可能地取得个人和企业的成功。企业领导者通过持续的管理过程,为员工建立清晰的目标并提供支持,只有与员工之间不断沟通和反馈,认可员工的努力,促进个人绩效不断改进和提高,才能确保企业目标的实现。

(二)绩效考核

绩效考核又称为绩效评估,是指通过系统的方法来评估员工在其工作

---

①宋佼佼．企业战略管理与人力资源管理的融合关系分析[J]．中国集体经济,2024(17):120-123.

岗位上的工作行为和工作结果方面信息的过程。

绩效考核是对前一段时间的工作总结，同时，考核结果为相关人事决策（晋升、解雇、加薪、发放奖金、培训开发等）提供依据。绩效考核是对员工的绩效进行管理的主要手段，也是管理人员承担的一项重要管理活动。

（三）绩效管理与绩效考核

绩效管理与绩效考核有着紧密的联系。绩效考核是绩效管理的重要组成部分，通过绩效考核可以为企业的绩效管理提供资料，帮助企业提高绩效管理的有效性。绩效考核成功与否不仅取决于考核本身，而且在很大程度上取决于与考核相关联的整个绩效管理过程，有效的绩效考核有赖于整个绩效管理活动的成功开展。

然而，绩效管理和绩效考核并不是等同的，绩效考核只是绩效管理中的一个核心环节，远非绩效管理的全部。绩效管理是一个完整的管理过程，侧重于信息沟通与绩效提升，强调事先沟通与承诺，它伴随着管理活动的全过程；而绩效考核则是管理过程中的局部环节和手段，侧重于判断和评估，强调事后的考核。两者具体的区别如表5-1所示。

表5-1　绩效管理与绩效考核的主要区别

绩效管理	绩效考核
一个完整的系统	系统中的一部分
伴随管理活动的全过程	只出现在管理过程中的局部环节
前瞻性，有效规划未来	回顾过去的一个阶段性成果
有完善的计划、监督、控制手段	提取绩效信息的一个手段
侧重于信息沟通与绩效提高	侧重于判断和评估
事先的沟通与承诺	事后的考核
建立管理者和员工之间的绩效合作伙伴关系	容易使管理者与员工形成对立，制造紧张气氛

绩效管理并不仅仅是对员工的绩效和行为做出考核，它还应确保员工的工作活动以及工作产出能够与企业的目标保持一致。绩效管理强调从整体、战略角度出发，为企业战略目标服务。

三、绩效管理的作用

（一）为企业实施战略提供支持

绩效管理的首要目的是把员工的工作行为与企业的战略目标结合起来，通过员工的工作行为帮助企业实现战略目标。为实现这一目的，企业必须建立起完整的绩效管理系统，使员工的行为与企业的战略目标达成一致，通过建立共同愿景，增强企业吸引力和凝聚力，从而提高企业的竞争能力。

（二）为员工进行培训开发提供条件

绩效管理可以为员工提供反馈信息，帮助员工认识自己在知识、技能、素质等方面的长处与不足、优势与劣势，管理者通过绩效沟通和反馈，与员工一起探讨绩效不好的原因并指导员工进行改进，促进员工把工作做得更好。企业可以针对员工目前的表现、员工素质特征与其所在岗位要求的差距，合理地确定培训目标和培训内容，选择相应的培训方法。

（三）为人力资源管理决策提供依据

绩效管理获得的信息，常常用于人力资源管理的有关决策。特别是绩效考核的结果，是确定员工奖惩和薪酬发放的重要依据，是决定员工升降和调配的基本前提。

第二节　绩效管理流程

绩效管理流程包括绩效计划、绩效实施、绩效考核和绩效反馈四个环节，这四个环节构成了一个封闭的循环，通过循环促使企业绩效管理不断提升，如图5-2所示。

一、绩效计划

绩效计划是管理人员与员工共同讨论以确定员工考核期内应该完成哪些工作和达到怎样的绩效水平的过程。绩效计划是绩效管理的起点，通过它可以在公司内建立起一种科学合理的管理机制，可以帮助管理人员和员工明确目标和努力的方向，能有机地将股东的利益和员工的个人利益整合在一起。

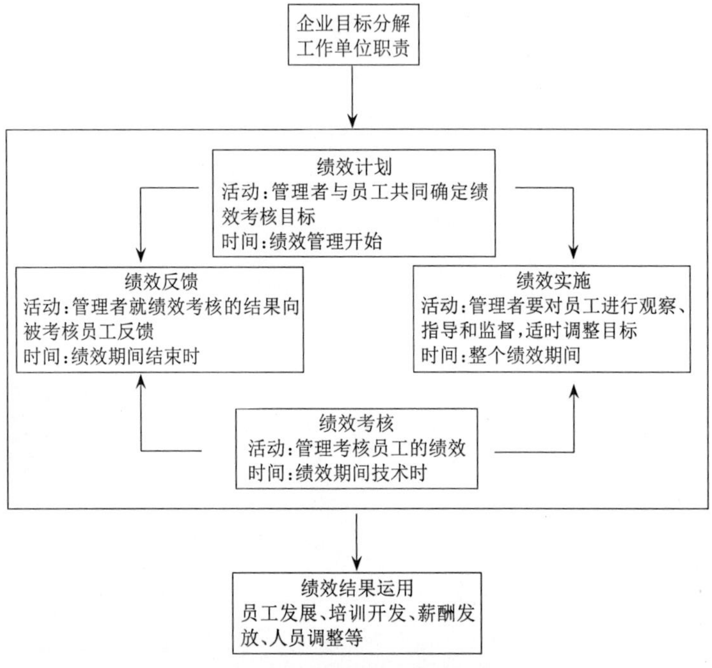

图5-2　绩效管理流程示意图

(一)绩效计划的准备

绩效计划通常是通过管理人员与员工双向沟通的绩效计划会议得到的,为了使绩效计划会议取得预期的效果,事先必须准备好相应的信息。这些信息主要可以分为三种类型。

第一,企业的信息。为了使员工的绩效计划能够与企业的目标结合在一起,管理人员与员工将在绩效计划会议中就企业的战略目标、公司的年度经营计划进行沟通。

第二,部门的信息。每个部门的目标是根据企业的整体目标逐渐分解而来的。不但经营的指标可以分解到生产、销售等业务部门,而且对于财务、人力资源部等业务支持性部门,其工作目标也与整个企业的经营目标紧密相连。

第三,个人的信息。关于被评估者个人的信息中主要有工作描述的信息和上一个绩效期间的评估结果的信息。以工作描述中的工作职责为出发点设定工作目标可以保证个人的工作目标与职位的要求联系起来。

（二）绩效计划的沟通

绩效计划是双向沟通的过程，绩效计划的沟通阶段也是整个绩效计划的核心阶段。在这个阶段，管理人员与员工必须经过充分的交流，对员工在本次绩效期间内的工作目标和计划达成共识。管理人员和员工在设定目标的时候要注意使每个目标尽可能具体，并将每个目标同工作或结果联系起来，明确规定出结果的时限和资源使用的限制，使每个目标简短、明确和直接。

（三）绩效计划的审定和确认

对计划的审定和确认是最后一个步骤。当绩效计划结束时，应达到以下的结果：员工的工作目标与企业的总体目标紧密相连，并且员工清楚地知道自己的工作目标与企业的整体目标之间的关系；员工的工作职责和描述已经按照现有的企业环境进行了修改，可以反映本绩效期内主要的工作内容；管理人员和员工对员工的主要工作任务，各项工作任务的重要程度，完成任务的标准，员工在完成任务过程中享有的权限都已经达成了共识；管理人员和员工都十分清楚在完成工作目标的过程中可能遇到的困难和障碍，并且明确管理人员所能提供的支持和帮助；形成了一个经过双方协商讨论的文档，并且管理人员和员工双方要在该文档上签字确认。

二、绩效实施

在制订了绩效计划以后，就应按照计划开展工作，管理者要对员工的工作进行观察、指导和监督，对发现的问题及时予以解决，并根据实际情况对绩效计划进行调整。

（一）绩效信息收集

绩效信息收集是一种系统地收集有关员工工作活动和企业绩效的方法，绩效管理离不开绩效信息的收集。

绩效信息收集的目的：提供员工的工作情况记录，为绩效考核及相关决策提供依据，让管理者及时发现员工存在的问题，纠正绩效偏差。

绩效信息收集的内容：主要收集与绩效有关的信息，包括工作目标或任务完成情况的信息、来自客户积极和消极的反馈信息、工作绩效突出的行为表现、绩效有问题的行为表现等。

绩效信息收集的方法：绩效信息收集的方法包括观察法、工作记录法、他人反馈法等。要全面了解员工绩效的信息,需要综合运用各种方法。

(二)绩效沟通

1.绩效沟通的目的

绩效沟通是指在整个考核周期内,上级就绩效问题持续不断地与员工进行交流和沟通,给予员工必要的指导和建议,帮助员工实现确定的绩效目标。

在整个绩效实施期间,都需要管理者不断地对员工进行指导和反馈,即进行持续的绩效沟通。持续的绩效沟通能保证管理者及时对计划进行适应性调整。

员工在绩效沟通过程中需要了解两类信息:希望获得相应的资源和帮助,及时解决工作中遇到的困难和障碍;希望在工作中能不断得到关于自己绩效的反馈信息。在达成绩效目标的过程中,管理者提供工作所需要的资源、支持和帮助,并根据绩效计划对工作进度情况进行跟踪辅导,一方面有利于个体绩效目标的实现,另一方面能够实现有效的管理和控制,及时纠偏,从而推动企业的绩效实现。

2.绩效沟通的内容

究竟需要沟通哪些信息,取决于管理者和员工关注什么。管理者应该思考的是:作为管理者要完成什么职责,必须从员工那里得到什么信息,而员工要更好地完成工作,需要向他们提供什么信息。从这个基本点出发,管理者和员工可以在绩效实施的过程中,试图就下列问题进行持续有效的沟通。

工作进展情况怎么样?

员工和团队是否在正确达成目标和绩效标准的轨道上运行?

如果有偏离方向的趋势,应该采取什么样的行动扭转这种局面?

哪些方面的工作进行得好?

哪些方面遇到了困难或障碍?

面对目前的情况,要对工作目标和达成目标的行动做出哪些调整?

经理人员可以采取哪些行动来支持员工?

3.绩效沟通的方式

绩效沟通的方式分为正式沟通和非正式沟通。正式沟通可以分为书面报告、管理者参与的全体会议或小组会议、管理者与员工的面谈等。非正式沟通是通过组织内的各种社会关系进行的,如非正式的闲聊、走动式交谈、吃饭时进行的交谈等。

三、绩效考核

(一)绩效考核的主体

绩效考核的主体是指对员工的绩效进行考核的实施人员。合格的考核主体应当满足:一是了解被考核者职位的性质、工作内容、要求及考核标准与企业政策;二是熟悉被考核者本人的工作表现,尤其是在本考核周期,最好直接近距离观察其工作的具体表现;三是要客观公正,没有偏见。

考核主体一般包括五类:直接上级、同事、直接下属、员工本人和外部考核者。

1. 直接上级

直接上级是最主要的考核主体。被考核者的工作目标主要是在与直接上级进行沟通之后设立的,因此员工的直接上级最有责任和权力对被考核者的目标达成情况进行评估。直接上级考核是实现管理的监督和控制职能的重要途径,同时直接上级通过绩效管理帮助被考核者提高工作能力,提高工作绩效。这种考核的缺点是信息来源单一,容易产生个人偏见。为了弥补这一不足,许多企业在上级考核之外,还要求上级的上级进行审核,另外还建立了被考核者的申诉制度。

2. 同事

同事包括本部门的同事和其接触密切的部门的同事。一般而言,员工的同事能够观察到上司无法观察到的某些方面,特别是员工的工作场所与上司分离,或者工作内容经常变动时,同事就成了一个重要的考核源。此外,在以工作团队为主的企业中,同事的考核就显得尤为重要。同事考核的缺点是他们与被考核者之间的关系可能造成考核的偏差。当绩效考核的结果被用作薪酬、晋升等人事管理决策时,可能会引起员工之间的矛盾,进而影响员工之间的团结和人际关系。

3. 直接下属

在对管理者进行考核时,其直接下属是一种特别有价值的绩效信息来源,下属是最有权力考核其直接上级是如何管理或领导他们的。这种绩效考核的方式对上级主管的潜能开发特别有价值。管理者可以通过下属的反馈,清楚地知道自己管理能力的欠缺之处,若自己对自己的考核与部属的考核之间有很大落差,则主管亦可针对这个落差,深入了解其中的原因。下属考核的缺点是:由于顾及上级的反应,往往不敢真实地反映情况。

4.员工本人

虽然自我评估并不是经常作为绩效考核信息的唯一来源,但也非常有价值。被考核者自己来评估其在工作期间的绩效表现,有利于据此设定未来的绩效目标,有利于反省自己的不足,进而强化自我完善、自我开发和自我约束的意识。其缺点是自我评估往往容易偏高。

5.外部考核者

外部考核者包括专家和客户。专家考核的优点是有绩效考核方面的技术和经验,与被考核者没有瓜葛,较易做到公正客观。缺点是外部专家可能对企业业务不熟悉,必须有内部人员协助。此外,聘请外部专家的成本较高。通过客户考核可以使被考核者更加关注自己的工作结果,提高工作质量。其缺点是客户会因为担心产品和服务质量受到影响而给予相对较高的评价。另外,客户考核只适用于和客户有直接或者间接接触的岗位。

(二)确定绩效考核周期和考核方法

绩效考核周期,是指多长时间对员工进行一次考核。由于绩效考核需要耗费一定的人力、物力,因此考核周期过短,会增加管理成本的开支;但是,考核周期过长,又会降低绩效考核的准确性,不利于员工绩效的改进,从而影响绩效管理的效果。绩效考核可根据具体情况和实际需要进行月考核、季考核、半年考核和年度考核,也可以在一项特殊的任务或项目完工之后进行。企业需要根据自身的条件和管理经验来选择合适的考核方法。

(三)绩效考核的误差

在现实中许多员工常常怀疑绩效考核的结果是否公正、合理。事实上,在绩效考核中,由于各种主客观因素的影响,往往使考核结果发生误差。绩效考核的误差主要表现如下。

1.信息压力误差

信息压力误差是考核者担心考核的结果会影响被考核者的某些利益而产生的误差,或担心会影响被考核者的薪酬或职务变更,或担心在绩效沟通时受到被考核者的责难,因而考核者可能会做出偏高的评价。

2. 考核标准理解误差

围绕着考核标准而出现的误差,可能是两方面的原因:一是考核标准不明确,有模糊性而引起的误差;二是由于考核者对考核指标理解的差异而造成的误差。

3. 晕轮效应

晕轮效应也称光环效应,当一个人有一个显著的优点时,人们会误以为他在其他方面也很优秀,而可能对其弱点视而不见,即一好百好、一俊遮百丑。考核者在对被考核者进行考核时,把工作中的某一方面甚至与绩效无关的方面看得过重,会影响考核的真实性和准确性,导致过高或过低的考核。

4. 第一印象

考核者根据最初短期内得到的第一印象常常会对最终结论产生比较大的影响。对人和事物的第一印象往往最为深刻,尽管这种直觉印象可能是片面的、存在较大的误差,但一旦形成也很难改变。

5. 刻板印象

由于考核者对被考核者进行评价时,往往受到对后者所属社会群体类型印象的左右,即用某一群体的类型特征衡量该群体中的具体成员的特征。例如,认为妇女的工作能力、工作效率不如男性;认为年纪较大的人开拓性不够,比较保守等。

6. 类己效应

类己效应是指考核者对被考核者进行评价时,常常根据本人的偏好打分而出现的误差。例如,考核者对自己喜欢、熟悉的人或与自己兴趣相同、个性相近的人考核时,通常会倾向于夸大或提高被考核者的成绩,掩饰或淡化被考核者工作中的不足。

7. 近因效应

一般来说,人们对近期发生的事情印象比较深刻,在绩效考核者对被考核者某一阶段的工作绩效进行考核时,只注重近期的印象来代替整个考核阶段的表现和业绩,因而造成考核的误差。

8. 对比效应

考核者将被考核者与其周围的人进行比较后,根据比较结果给予考核分数,而不是根据考核标准和实际绩效作出判断。

9.居中趋势误差

居中趋势误差即考核者倾向于将被考核者的考核结果放置在中间的位置,使考核失去价值。这主要有三个方面的原因:一是由于考核者害怕承担责任;二是对被考核者不熟悉;三是为了不得罪人,采取“老好人”的做法。

10.宽大或严格误差

考核者因为个人的主观理解,在考核时形成过于极端的结果而导致的误差。在考核中或是考核过宽,人人得高分;或是考核过严,几乎无人合格。一旦多人执行考核操作,则可能因不同考核者的宽严程度掌握不同,而对同样绩效者得出不同的考核结论,从而导致评价不公平。

由于绩效考核误差,除了那些无法左右的外部影响因素外,考核人员、考核标准和考核方法是影响考核的主要因素。其中,标准不明确、不具体是进行绩效考核时最容易出现的问题。受考核中这些因素的影响,绩效考核的信度和效度也会大打折扣。

四、绩效反馈

绩效考核的结果应该向被考核员工反馈,通过绩效反馈,使员工了解自己的绩效状况,了解企业对自己的期望,认识自己在绩效方面存在的问题。同时,考核者尤其是主管要和员工进行充分沟通并达成共识,分析绩效目标未实现的原因,并一起制订绩效改进计划。

(一)绩效反馈的准备

绩效反馈前,要做好充分的准备,具体内容包括:①选择适宜的时间。选择管理者和员工双方都有空闲的时间。应该注意,这个时间一定要和员工一起商定而不要由管理者单方面来决定,而且保证这段时间不受干扰。②选择最佳场所。通常可以选择管理者的办公室、小型会议室或类似咖啡厅等休闲场所。场所要舒适,使双方都感觉轻松。要确定面谈时没有电话也没有访客,让面谈在容易控制的情况下进行。③收集、整理面谈所需要的信息资料。要充分了解被面谈员工的情况,包括教育背景、家庭环境、工作经历、性格特点及业绩状况等。④计划面谈程序。例如,面谈的内容、面谈的程序等。⑤通知被面谈者准备事宜。让员工事先知道面谈时间、地点、目的等。

(二)绩效反馈的内容

将绩效考核的结果明确而委婉地表达给员工,其内容大致包括:对于上一个绩效周期内完成的目标和好的行为,要加以表扬和肯定,并鼓励员工在今后的工作中继续保持和自我突破。对于上一个绩效周期内未完成的目标和不好的行为,需要管理者和员工共同分析原因,是因为企业内部制度问题还是员工能力不足、经验不够等,找到影响员工业绩提高的瓶颈,并就实现下一目标拟采取的措施和相应的支持条件形成统一意见。

(三)绩效反馈应注意的问题

为了保证绩效反馈的效果,在反馈时应当注意以下几个问题。①绩效反馈应当及时;②绩效反馈要指出具体的问题;③绩效反馈要指出问题出现的原因;④绩效反馈不能针对人;⑤注意绩效反馈时说话的技巧。

五、绩效结果应用

绩效考核的结果有三个方面的应用,一是对绩效考核的结果进行分析,用于绩效工作的改进;二是根据绩效考核结果做出人事决策;三是用于引导员工发展。

(一)改进绩效工作

改进绩效工作是考核结果最重要的应用方式。为此,需要确认员工实际工作表现与绩效目标的差距,分析造成差距的原因并制定相应的绩效改进计划。[①]

1.绩效诊断与分析

绩效诊断与分析是绩效改进过程的第一步,也是绩效改进最基本的环节。绩效诊断与分析有两个关键步骤。

第一步,通过分析考核结果,找出关键绩效问题。关键绩效问题是通过实际绩效与绩效标准的对比得出来的。

第二步,分析问题产生的原因。在绩效考核中,判断绩效问题的依据在于确认问题不是产生于客观原因,而是产生于主观原因。

①韩婷.全面预算管理在企业财务管理中的运用[J].中国集体经济,2024(17):173-176.

在绩效问题原因分析中，要特别注意员工不负责任的情况。其典型表现有：不努力保证合理品质；影响其他员工的态度；违反企业伦理或工作规则；不认同公司价值观；其他行为不当的情况，如经常迟到、缺席等。对于这类员工，要采取断然措施甚至辞退等。

2. 绩效改进措施

在进行绩效诊断分析的时候，重点在于帮助员工改进绩效。通常采取以下五个步骤。

第一步，管理人员与员工进行充分沟通。让员工认识到绩效问题的存在及其影响以及不解决绩效问题所产生的后果。其目的是使管理者和员工在绩效问题上达成共识。

第二步，分析绩效问题产生的原因。员工问题产生的原因是多方面的，可能是能力的问题，也可能是态度问题或客观条件问题。

第三步，确定绩效改进目标，并落实到下一阶段的绩效目标中。

第四步，共同探讨可能的解决途径。主管人员和员工要商定如何推进绩效改进过程，让员工了解必须对自己的行为负责。

第五步，鼓励员工已经取得的成绩和进步。任何改善都是渐进的过程，当员工行为有所改善时，主管人员应及时予以认可和称赞。

（二）用于人事决策

作为人力资源管理职能中的核心环节，绩效考核与各人力资源管理职能之间存在着非常密切的关系。绩效考核的结果对于招聘甄选、培训、职位变动、解雇退休和薪酬福利等都会产生影响。

用于薪酬的分配和调整。这是绩效考核结果最常见的一种用途。绩效考核最初的目的就是更好地考核员工对团队或企业绩效的贡献，以便更好地在薪酬分配的过程中体现公平性原则。随着绩效管理理论和实践的不断发展，绩效管理的战略目的和开发目的越来越受到重视，人们开始倾向于弱化绩效考核在员工薪酬管理中的作用，越来越向以下几个方面倾斜。

一是用于职位变动。绩效考核结果也可以为职位变动提供信息，将合适的人放在合适的岗位上，实现人力资源的有效调配是企业人力资源管理的最高境界。员工调配可以是纵向的升迁或降职，也可以是横向的工作轮换。如果员工在某方面的绩效不够好，也可能是其所从事的职位并不适合,可以通过职位调整使其从事更加适合的职位。运用绩效考核结果,应结合员工胜任素质评估,因为如果员工在目前的职位上绩效优秀,并不代表他一定能够胜任更高的职位,还必须看他在新职位上的潜力如何。对于那些绩效成绩优秀并在潜力考核中体现出特殊管理才能的员工,则可以进行积极的培养和大胆的提拔。

二是用于招聘决策。当企业通过分析绩效考核结果发现,员工在工作能力或工作态度上存在欠缺而又无法通过及时有效的培训解决问题时,企业就可能需要以此作为重要依据制订相应的招聘计划。

三是用于员工培训开发。企业的培训开发活动是一种有明确目标的活动,其确定的依据主要有:首先,职位分析的结果,即职位说明书对工作活动所进行的描述,它包括员工所要完成的工作任务和完成这些任务所需要的知识、技能和能力;其次,员工绩效考核的结果,通过绩效考核能够发现员工身上存在的不足,进而能够对员工进行有针对性的培训。

四是用于衡量甄选和培训的有效性。绩效考核的结果在很大程度上决定了人力资源管理各职能是否取得了预期的效果。如果选拔出来的员工的确能够很好地胜任新的工作,那么就说明选拔是有效的;如果培训真的能够有效地提高员工的工作业绩,那就说明培训是有效的。

(三)引导员工发展

作为人力资源管理的最终目的,绩效管理要引导员工发展。企业应制订合理的员工发展计划。员工发展计划是根据员工特点制订的能力与素质改进计划,是绩效改进的重要途径。员工发展计划通常在主管人员帮助下由员工自己制订,并与主管人员讨论达成一致意见。员工发展计划包括发展的项目、期望达到的水平、具体实施方案。主管人员应承诺提供员工实现计划所需的可能帮助。

第三节 绩效考核的方法

一、结果导向型考核方法

(一)比较排序法

比较排序法是根据员工的工作行为对员工进行主观考核的一种方法，其特征是在对员工进行相互比较的基础上对员工进行排序，提供一个员工工作的相对优劣的考核结果。排序的主要方法包括简单排序法、交替排序法。

简单排序法是考核者将员工按照工作的总体情况从最好到最差进行排序。这种方法所需要的时间成本很少，简便易行，一般适用于员工数量比较少的情况。

交替排序法是考核者在所有需要考核的员工中首先挑选出最好的员工，再选择出最差的员工，将他们分别列为第一名和最后一名。然后在余下的员工中再选择出最好的员工作为整个序列的第二名，选择出最差的员工作为整个序列的倒数第二名。以此类推，直到将所有员工排列完毕，就可以得到对所有员工的一个完整的排序。

(二)配对比较法

配对比较法也称相对比较法，该方法是对若干被考核者的同一考核内容采用“两两比较”的方法决定其优劣，即在被考核者之间分别比较，从每一对被考核者中比较出哪个优、哪个劣，最后汇总和计算出整体的比较考核结果。

配对比较法的实施方法为：第一步，根据同一个考核内容，如考核“开拓能力”项目，把5个考核对象的姓名分别配对并填写在1张卡片上；第二步，对每张卡片上两个人的“开拓能力”进行比较，评出优劣，优者为1分、劣者为0分；第三步，将每一对比较结果记入表格，在表格中填写评比结果时，用字母行与数字行相比，当字母行的项目比数字行项目优时记1分，当字母行比数字行劣时记0分；第四步，累加字母行被考核者的得优次数，记入考核表的最右边“得分总数”一栏，得优次数最多即得分最高者就是成绩最好者,相反为最差者(见表5-2)。[①]

表5-2 配对比较法示例

姓名	张建华	孙明明	李刚	陈华	吴小强	得分总数	比较结果
张建华	—	1	0	1	1	3	第二
孙明明	0	—	0	0	1	1	第四
李刚	1	1	—	1	1	4	第一
陈华	0	1	0	—	1	2	第三
吴小强	0	0	0	0	—	0	第五

在本例中,张建华、孙明明、李刚、陈华、吴小强5人的获优次数分别为3、1、4、2、0。可见,李刚的得分最高、成绩最好,共获优4次,吴小强的成绩最差,每一次的比较得分都是0。由此,从优到劣依次排队,这5个考核对象的配对比较结果为李刚、张建华、陈华、孙明明、吴小强。对于需要考核的其他项目,也依此法多次进行两两比较,分别得出结果。最后,综合各个项目的结果,填写在汇总表格中,从而得出最终的成绩。

(三)强制分布法

强制分布法实际上也是将员工进行相互比较的一种员工排序方法,只不过它是对员工按照组别进行排序,而不是将员工个人进行排序。这一方法的理论依据是数理统计中的正态分布概念,认为员工的业绩水平遵从正态分布,因此可以将所有员工分为优秀、良好、一般、较差和很差的五种情况,其分布的典型形式如表5-3所示。在实践中,实行强制分布的企业通常对设定的分布形式做一定程度的变通,使员工业绩水平的分布形式呈现为某种偏态分布。

强制分布的优点是可以克服考核者过分宽容或过分严厉的结果,也可以克服所有员工不分优劣的平均主义。但是其缺点是如果员工的业绩水平事实上不遵从所设定的分布样式,那么按照考核者的设想对员工进行强制分布容易引起员工的不满。一般而言,当被考核的员工人数比较多,而且考核者又不止一人时,用强制分布法可能比较有效。

①周丽,王珏斑,朱王海,等. 数据科技人力资源管理[M]. 武汉:武汉大学出版社,2023.

表5-3 强制分布法示例

单位:人

员工总数	分布				
	优秀(10%)	良好(15%)	一般(50%)	较差(15%)	很差(10%)
100	10	15	50	15	10

二、行为导向型考核方法

(一)关键事件法

关键事件法是客观考核体系中最简单的一种形式。在应用这种考核方法时,负责考核的主管人员把员工在完成工作任务时所表现出来的特别有效的行为和特别无效的行为记录下来,形成一份书面报告。考核者在对员工的优点、缺点和潜在能力进行评论的基础上提出改进工作绩效的意见。如果考核者能够长期观察员工的工作行为,对员工的工作情况十分了解,同时也很公正和坦率,那么这种考核报告是很有效的。这一方法有助于为培训工作提供基础,也有助于考核评定面谈。但是,由于书面报告是对不同员工的不同工作侧面进行描述,无法在员工之间、团队之间和部门之间进行工作情况的比较。另外,考核者用自己制定的标准来衡量员工,员工没有参与的机会,因此不适合于进行人事决策。关键事件法可以在绝大多数绩效管理方法中同其他方法结合使用。

(二)等级鉴定法

等级鉴定法是一种历史最悠久也是应用最广泛的员工绩效考核方法。在应用这种考核方法时,考核者首先确定绩效管理的标准,然后对每个考核项目列出几种行为程度供考核者选择(见表5-4)。这种方法所需要花费的成本比较低,容易使用。员工业绩的考核结果可以加总为用数字来表示的结果,可以进行员工之间的横向比较。等级鉴定法在考核内容的深度方面不如关键事件法,它的主要优点是适应性强,相对比较容易操作和成本比较低。

表5-4 等级鉴定法示例

<table>
<tr><th>考核内容</th><th>考核项目</th><th>说明</th><th colspan="5">评定</th></tr>
<tr><td rowspan="2">基本能力</td><td rowspan="2">知识</td><td rowspan="2">是否具备现任职务的基础理论知识和实际业务知识</td><td>A</td><td>B</td><td>C</td><td>D</td><td>E</td></tr>
<tr><td>10</td><td>8</td><td>6</td><td>4</td><td>2</td></tr>
<tr><td rowspan="2">业务能力</td><td rowspan="2">理解力</td><td rowspan="2">能否充分理解上级指示,干脆利落地完成本职工作任务,不需要反复指示上级</td><td>A</td><td>B</td><td>C</td><td>D</td><td>E</td></tr>
<tr><td>10</td><td>8</td><td>6</td><td>4</td><td>2</td></tr>
<tr><td rowspan="2">工作态度</td><td rowspan="2">协作性</td><td rowspan="2">在工作中是否充分考虑别人的处境,是否主动协助上级、同事做好工作</td><td>A</td><td>B</td><td>C</td><td>D</td><td>E</td></tr>
<tr><td>10</td><td>8</td><td>6</td><td>4</td><td>2</td></tr>
<tr><td colspan="2" rowspan="2">评定标准:
A.非常优秀,理想状态
B.优秀,满足要求
C.基本满足要求
D.略有不足
E.不满足要求</td><td rowspan="2">分数换算:
A.64分以上
B.48～63分
C.47分以下</td><td colspan="5">合计分:</td></tr>
<tr><td colspan="5">等级:</td></tr>
</table>

(三)行为锚定考核法

行为锚定考核法是由等级鉴定法演变而来的,行为锚定考核法的最大优点是明确定义每一考核项目,同时使用关键事件法对不同水平的工作要求进行描述。因此,行为锚定考核法为考核者提供了明确而客观的考核标准。其主要缺点是设计和实施成本比较高,经常需要聘请人力资源管理专家帮助设计,而且在实施以前要进行多次测试和修改,因此需要花费许多时间和金钱。

设计行为锚定考核法的步骤如下。

第一,主管人员确定工作所包含的活动类别或者绩效指标。

第二,主管人员为各种绩效指标撰写一组关键事件。

第三,由一组处于中间立场的管理人员为每一个考核指标选择关键事件,并确定每一个绩效等级与关键事件的对应关系。

第四,将每个考核指标中包含的关键事件从好到坏进行排列,建立行为锚定考核法考核体系。

(四)行为观察考核法

行为观察考核法与行为锚定考核法有一些相似,但它在工作绩效考核的角度方面能比后者提供更加明确的标准。在使用这种考核方法时,需要首先确定衡量业绩水平的角度,如工作的质量、人际沟通技能、工作的可靠性等。每个角度都细分为若干个具体的标准,并设计一个考核表。考核者将员工的工作行为同考核标准进行比照,每个衡量角度的所有具体科目的得分构成员工在这一方面的得分,将员工在所有考核方面的得分加总,就可以得到员工的考核总分。

第四节 考核模式

一、目标管理法

(一)目标管理法的含义

所谓目标管理法(Management By Objective,MBO),就是让企业中的主管人员和员工一起协商,根据企业的使命确定一定时期内企业的总目标,由此决定各级的责任和分目标,并把这些目标作为企业绩效考核标准的一种管理制度或方法。

目标管理法的特点是共同参与、系统导向、自我控制、授权导向、结果导向。在进行目标制定时,上级与下级共同参与确定各对应层次的目标,是一个双向互动的过程。一旦目标被确定下来,就必须严格地执行,并按照目标的要求进行定期考核和互相督促。如果出现意外变动,双方应立即进行沟通,以便根据实际情况对目标进行调整。目标管理法既是计划的方法,也是绩效考核的方法。

(二)目标管理法的优缺点

目标管理法的优点是任务很明确,能形成激励、能有效自我管理、能有效控制;目标管理法的缺点是目标设置过程困难、过分强调短期目标、在实施目标过程中无法权变等。

(三)目标管理法实施

在执行目标管理过程中,应注意以下三个方面的问题。

1. 目标的设置

员工的绩效目标不是凭空产生的,必须依据企业的战略目标及相应的部门目标确定。目标确定时应当考虑员工的能力、素质和以往业绩,必须历史地考察,不可孤立判断。上级和下级就实现各项目标所需的条件以及实现目标后的奖惩事宜达成协议。目标的数目不宜太多,应当有针对性。一般而言,应符合以下要求:①目标数目控制在5—6个;②目标是可以衡量和比较的;③目标是成果导向型的。[①]

2. 实现目标过程的管理

目标管理重视结果,强调自主、自治和自觉,并不等于领导可以放手不管,而是在目标实施过程中要定期进行检查,要帮助下级解决工作中出现的困难问题。如出现了不能克服的变化,上下级之间可以进行沟通,对目标适度调整。目标管理过程中,关键是要激发员工的积极主动性。为此,反馈和沟通的渠道必须畅通。

3. 正确实施目标考核

针对目标进行考核,关键要看目标的落实情况。对于员工的成果,找出完成任务的成功原因或者没有达到目标的失败原因,为下一次制定目标奠定基础。在目标管理工作中,往往需要一些具体的操作工具,如目标、目标责任书、绩效考核表、业绩考核表等。

二、平衡计分卡法

(一)平衡计分卡的含义

平衡计分卡(the Balanced Score Card,BSC)是从财务、客户、内部运营、学习与成长四个角度,将企业的战略落实为可操作的衡量指标和目标值的一种新型绩效管理体系。设计平衡计分卡的目的就是要建立"实现战略制导"的绩效管理系统,从而保证企业战略得到有效的执行。平衡计分卡的核心思想就是通过财务、客户、内部经营过程、学习与成长四个方面指标之间相互驱动的因果关系展现企业的战略轨迹,实现绩效考核、绩效改进以及战略实施、战略修正的目标。平衡计分卡中每一项指标都是一系列因果关系中的一环,通过它们把相关部门的目标同企业的战略联系在一起;

①赵滨,李琳,李新龙. 经济管理与人力资源管理研究[M]. 北京:中国商务出版社,2023.

而“驱动关系”一方面是指计分卡的各方面指标必须代表业绩结果与业绩驱动因素双重含义；另一方面，计分卡本身必须是包含业绩结果与业绩驱动因素双重指标的绩效考核系统，如图5-3所示。之所以称此方法为平衡计分卡法，是因为这种方法通过财务与非财务考核手段之间的相互补充“平衡”，不仅使绩效考核的地位上升到企业的战略层面，使之成为企业战略的实施工具，同时也是在定量评价与定性评价之间、客观评价与主观评价之间、指标的前馈指导与后馈控制之间、企业的短期增长与长期发展之间、企业的各个利益相关者的期望之间寻求“平衡”的基础上，完成的绩效考核与战略实施过程。

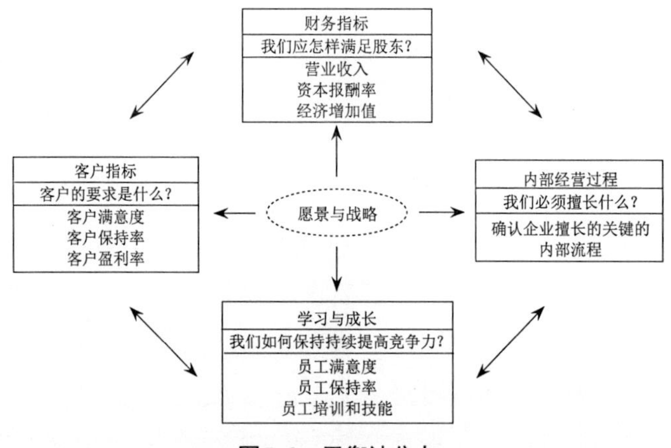

图5-3　平衡计分卡

（二）平衡计分卡的设计

平衡计分卡的设计包括四个方面：财务角度、客户角度、内部经营过程、学习和成长。这几个方面分别代表企业三个主要的利益相关者：股东、客户、员工，每个角度的重要性取决于角度的本身和指标的选择是否与公司战略相一致。

1. 财务角度

财务指标可以显示企业的战略及其实施和执行是否对改善企业盈利作出贡献。财务目标通常与获利能力有关，其衡量指标有营业收入、资本报酬率、经济增加值等，也可能是销售额的迅速提高或创造现金流量。

2. 客户角度

客户角度是指管理者确立了其业务单位将要竞争的客户和市场以及

业务单位在这些目标客户和市场中的衡量指标。客户指标通常包括客户满意度、客户保持率、客户获得率、客户盈利率以及在目标市场中所占的份额。客户角度使业务单位的管理者能够阐明客户和市场战略,从而创造出优秀的财务回报。

3. 内部经营过程

在这一过程中,管理者要确认企业擅长的关键的内部流程,这些流程帮助业务单位提供价值主张,以吸引和留住目标细分市场的客户,并满足股东对财务回报的期望。

4. 学习与成长

学习与成长确立了企业要创造长期的成长就必须建立基础框架,确立了未来成功的关键因素。平衡计分卡的前三个层面一般会揭示企业的实际能力与实现突破性业绩所必需的能力之间的差距,为了弥补这个差距,企业必须投资于员工技术的再造、企业程序和日常工作的理顺,这些都是平衡计分卡学习与成长方面追求的目标,如员工满意度、员工保持率、员工培训和技能等以及这些指标的驱动因素。

(三)平衡计分卡的实施流程

以企业的共同愿景与战略为内核,运用综合与平衡的哲学思想,依据企业结构,将公司的愿景与战略转化为下属各责任部门(如各事业部)在财务、客户、内部经营过程、学习与成长等四个方面的系列具体目标(成功的因素),并设置相应的四张计分卡。

依据各责任部门分别在财务、客户、内部经营过程、学习与成长四方面设置可具体操作的目标及对应的绩效考核指标体系,这些指标不仅与公司战略目标高度相关,而且是以先行与滞后两种形式,同时兼顾和平衡公司长期和短期目标、内部与外部利益,综合反映战略管理绩效的财务与非财务信息。

由各主管部门与责任部门共同商定各项指标的具体评分规则。一般是将各项指标的预算值与实际值进行比较,对应不同范围的差异率,设定不同的评分值。以综合评分的形式,定期(通常是一个季度)考核各责任部门在财务、客户、内部经营流程、学习与成长四个方面的目标执行情况,及时反馈,适时调整战略偏差,或修正原定目标和考核指标,确保公司战略得以顺利与正确地实行。

第六章 薪酬管理

第一节 薪酬管理概述

一、薪酬与报酬

报酬(reward)是指员工因被雇用而从企业那里获得的各种有价值的东西,报酬可以分为经济性报酬和非经济性报酬两大类。经济性报酬是指能够直接或间接地以金钱形式来衡量和表现的与经济有关的各类报酬,即通常所说的薪酬,包括直接报酬和间接报酬。非经济性报酬包括工作本身、工作环境所带来的效用,这些非经济性的心理效用是影响人们进行工作选择和职业选择的重要因素,并成为企业吸引人才、保留人才的重要工具和手段。报酬还可以根据对劳动者所产生的激励是外部刺激还是发自内心的心理激励分为外在报酬和内在报酬两大类。外在报酬包括经济性报酬以及与工作环境和条件有关的非经济性报酬,内在报酬则主要是指与工作本身有关的,如工作的趣味性、参与决策的权利等。本节重点研究经济性报酬。报酬体系如图6-1所示。

所谓薪酬(compensation),就是指员工因为雇用关系的存在而从雇主那里获得的各种直接和间接的经济收入。

在企业中,员工的薪酬构成主要包括基本薪酬、激励薪酬、福利薪酬等基本形式。

(一)基本薪酬

基本薪酬(工资)是指企业根据员工所承担的工作或者所具备的技能,而支付给他们较为稳定的经济性报酬,是员工收入的主要部分。在我国大多数企业中,提供给员工的基本薪酬往往以月薪为主,即每月按时向员工发放固定工资。

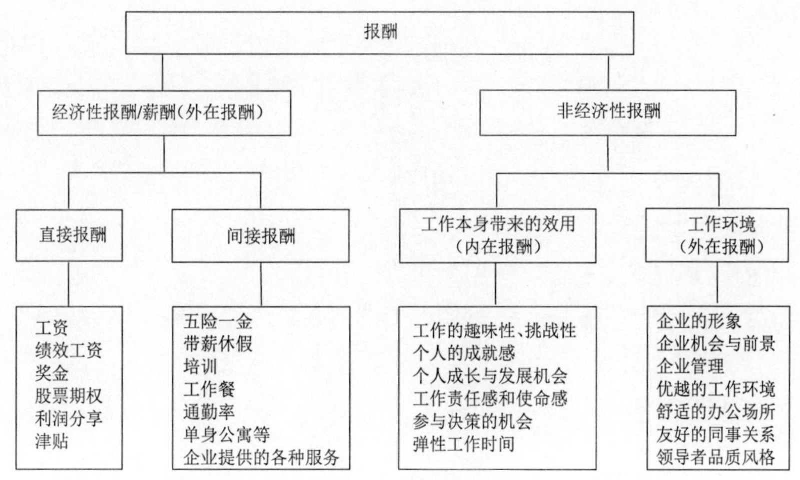

图6-1 报酬体系

(二)激励薪酬

激励薪酬是薪酬系统中直接与绩效挂钩的部分,有时也被称为浮动薪酬或可变薪酬。设置激励薪酬的目的是在绩效和薪酬之间建立起一种直接的联系,而这种绩效既可以是员工个人的绩效,也可以是企业中某一业务单位、员工群体、团队甚至整个公司的绩效。激励薪酬可以分为短期激励薪酬和长期激励薪酬。由于在绩效和薪酬之间建立起了直接的联系,因此,对员工具有很强的激励性,对企业绩效目标的达成起着非常积极的作用。

(三)福利薪酬

与基本薪酬和激励薪酬不同,福利薪酬的支付与员工个人的工作和绩效并没有直接的关系,往往具有普遍性,通俗地讲就是“人人都有份”。一般情况下,福利的费用是由用人单位全部支付的,但有时也要求员工承担其中的一部分。

(四)津贴

津贴是对劳动者在特殊条件下的额外劳动消耗或额外费用支出给予补偿的一种薪酬形式。津贴发放的唯一依据是劳动所处的环境和条件的优劣,而不与劳动者劳动的技术业务水平及劳动成果直接对应和联系。津贴的主要形式有地区津贴、野外作业津贴、井下津贴、夜班津贴、流动施工津贴、冬季取暖津贴、高温津贴、职务津贴、放射性或有毒气体津贴。

二、薪酬的功能

薪酬的功能可以从企业和员工两个层面来认识。

(一)企业层面的功能

第一,提升企业竞争能力。薪酬水平是企业综合实力的最直接体现,企业为了不断提高在劳动力市场上的竞争优势,需要保持一份相对较高的薪酬水平,用以企业吸引和保留员工。

第二,改善经营绩效。薪酬实际上是企业向员工传递的一种特别强烈的信号,通过这种信号,企业可以让员工了解什么样的行为、态度以及绩效是受到鼓励的,从而引导员工的工作行为和工作态度以及最终的绩效朝着企业期望的方向发展。相反,不合理和不公正的薪酬则会引导员工采取不符合企业利益的行为,从而导致企业经营目标难以达成。

第三,塑造和强化企业文化。薪酬影响员工的工作行为和态度,一项薪酬制度可能促进企业塑造良好的文化氛围,也可能与企业现有的价值观形成冲突。因此,这就要求企业必须建立科学合理的薪酬制度,以对企业文化的塑造起到积极的强化作用。

(二)员工层面的功能

第一,经济保障功能。薪酬是员工以自己的付出为企业创造价值而从企业获得的经济上的回报,薪酬对于劳动者及其家庭所起到的保障作用,是其他任何保障手段所无法替代的。

对员工来说,必须通过薪酬换取生活必需的物质、生活资料。另外,为满足员工在娱乐、教育和自我开发等方面的需求,也需有一定的薪酬做保障。员工薪酬水平的高低对于员工及其家庭的影响是非常大的。

第二,心理激励功能。员工对于薪酬状况的感知会影响员工的工作行为、工作态度以及工作绩效,从而产生激励作用。经验表明,在其他条件相同的情况下,不能满足员工合理薪酬期望的企业很容易出现员工满意度低和流动率高的现象。

第三,价值实现功能。薪酬可以反映一个人在企业内部的价值和层次,薪酬的提升在一定程度上反映了员工在企业中地位的提高,这种价值的实现有助于激发员工的工作热情。

三、影响薪酬水平的因素

薪酬水平指企业内部各类职位以及企业整体平均薪酬的高低状况，它反映了企业支付薪酬的外部竞争性。

（一）外部因素

国家的法律和政策：在市场经济背景下，政府一般运用法律手段和经济手段，必要时也会采用行政手段来调控市场的工资水平。法律法规对于企业的行为具有强制性。例如，对员工最低工资的规定；员工所得税比例；员工的退休、养老、医疗保险等方面的规定，会影响薪酬水平、薪酬结构等薪酬管理制度。

当地经济发展状况：当地经济发展处在一个较高水平时，企业员工的薪酬较高，反之，企业员工的薪酬则较低。

人力资源市场供求状况：当人力资源市场紧张造成供给减少时，企业的薪酬水平就应当提高；反之，企业就可以维持甚至降低薪酬水平。

物价水平：当地的生活指数较高时，企业内员工的薪酬也会相应提高。反之，当地的生活指数较低时，企业内员工的薪酬也会相应降低。当整个社会的物价水平上涨时，为了保证员工的生活水平不变，支付给他们的名义薪酬相应也要增加。

其他企业的薪酬状况：当其他企业，尤其是竞争对手的薪酬水平提高时，为了保证外部的公平性，企业也要相应地提高自己的薪酬水平，否则就会造成员工的不满甚至流失。

（二）内部因素

企业的经营状况与财务实力处于不同的发展阶段，企业薪酬政策也会不同。企业良好的财务实力，是薪酬管理各项决策得以实现的物质基础，可以保证薪酬水平的竞争力和薪酬支付的及时性。

企业文化与薪酬设计联系紧密。例如，有的企业推崇个人英雄主义，薪酬差别就很大；有的企业提倡集体主义，薪酬差别就比较小。

企业中工会的一项主要作用是代表员工与管理方进行集体谈判，保护工人的合法权益，工会力量的强弱会影响薪酬设计。

员工所处的岗位不同，承担的责任不同，其薪酬也是不同的。例如，销售岗位往往工资低，但奖金高；财务经理往往工资高，但奖金低。

员工的个人的学历、工龄、能力等对个人薪酬起决定性作用。

四、薪酬管理

薪酬管理是指在企业总体发展战略的指导下，综合考虑内外各种因素的影响，确定一个企业的薪酬水平、薪酬结构和薪酬形式的过程。在这个过程中，企业还要持续不断地制订薪酬计划，拟定薪酬预算，就薪酬管理问题与员工进行沟通，同时对薪酬系统的有效性作出评价而后不断予以完善。①

全面理解薪酬管理的含义，必须把握以下三点。

薪酬管理要在企业经营战略的指导下进行，作为人力资源管理的一项重要职能，薪酬管理必须服从和服务于企业的经营战略，要为企业战略的实现提供有力的支持。

薪酬管理的内容不仅是及时准确给员工发放薪酬，还涉及确定薪酬水平、薪酬结构和薪酬形式等一系列的决策，是一项非常复杂的活动。

薪酬管理的目的不仅是让员工获得一定的经济收入，而且要引导员工的工作行为，激发员工的工作热情，不断提高他们的工作绩效。

五、薪酬管理的原则

（一）公平原则

公平原则包括内在公平和外在公平两个方面。

内在公平是指企业内部员工的一种心理感受，企业的薪酬制度制定以后，首先要让企业内部员工对其表示认可，让他们觉得与企业内部其他员工相比，其所得薪酬是公平的。

外在公平是企业在人才市场加强竞争力的需要，它是指与同行业内其他企业特别是带有竞争性质的企业相比，企业所提供的薪酬是具有竞争力的，只有这样才能保证在人才市场上招聘到优秀的人才，也才能留住现有的优秀员工。

（二）竞争原则

根据调查，高薪对优秀人才具有不可替代的吸引力，因此企业在市场上提供较高的薪酬水平，无疑会增加企业对人才的吸引力。但是企业的薪酬

①范利红．薪酬激励制度在企业人力资源管理中的应用探究[J]．商展经济，2024(11):169-172.

标准在市场上处于一个什么位置要视该企业的财力、所需人才的可获得性等具体条件而定。竞争力是一个综合指标，有的企业凭借良好的声誉和社会形象，在薪酬方面只要满足外在公平性的要求也能吸引一部分优秀人才。

（三）经济原则

如果用高薪吸引了优秀人才，但创造不出同等级的绩效，对企业来讲，高薪就失去了意义。因此薪酬设计要遵循经济原则，要计算人力成本的投入产出比率，把人力成本控制在一个合理的范围内。

（四）激励原则

企业要根据员工的能力和贡献大小适当拉开收入差距，让贡献大者获得较高的薪酬，以充分调动他们的积极性。

（五）合法原则

薪酬设计要遵守国家法律和政策。例如，国家有关最低工资的规定、有关员工加班加点的工资支付问题等，企业必须严格遵守。

（六）战略原则

战略原则在薪酬设计诸原则中的地位和作用逐步加强。这一原则要求企业一方面在进行薪酬设计过程中，要时刻关注企业的战略需求，要通过薪酬设计反映企业的战略，反映企业提倡什么、鼓励什么、肯定什么、支持什么；另一方面要把实现企业战略转化为对员工的期望和要求，然后把对员工的期望和要求转化为对员工的薪酬激励，体现在企业的薪酬设计中。

六、薪酬管理的内容

（一）确立薪酬管理政策

确立薪酬管理政策，也就是为企业的薪酬管理确立目标和思路。所以，薪酬管理政策必须体现企业文化价值观念、企业经营理念和方针、企业发展目标和战略，以服务于企业核心竞争力，进而保证企业持续快速发展。

（二）确立企业的薪酬水平

薪酬水平要满足内部一致性和外部竞争性的要求，并根据员工绩效、能力特征和行为态度进行动态调整，包括确定管理团队、技术团队和营销团队薪酬水平，确定跨国公司各子公司和外派员工的薪酬水平，确定稀缺人才的薪酬水平以及确定与竞争对手相比的薪酬水平。

（三）选择确定薪酬的结构

管理薪酬结构即正确划分合理的薪酬等级，正确确定合理的级差和等差，还包括如何适应组织结构扁平化和员工岗位大规模轮换的需要，合理地确定薪资宽带。

（四）选择确定薪酬体系

薪酬体系，包括基本薪酬体系、激励薪酬体系和福利薪酬体系。选择确定薪酬体系，也就是选择确定各种薪酬体系的核定方法、核定依据和核定过程。目的在于提升薪酬核定的科学性、公开性、透明度，充分发挥薪酬的激励作用。

（五）确定薪酬调整的方法和操作程序

薪酬调整包括工龄性调整、生活指数性调整、奖励性调整等。企业薪酬体系运行一段时间后，随着企业发展战略的变化，现行的薪酬体系就需要重新作出调整。薪酬调整是保持薪酬动态平衡、实现企业薪酬目标的重要手段，也是薪酬管理的日常工作之一。增加薪酬调整工作的科学性、公开性、透明度，使薪酬调整也具有充分的激励作用。

第二节 基本薪酬体系设计

企业需要建立一套科学有效的薪酬体系，因此掌握一些薪酬设计方法和技巧，对于薪酬管理者来说十分必要。薪酬体系设计的要点在于“对内具有公平性，对外具有竞争力”。在企业的薪酬体系中，基本薪酬是最基础的部分。

一、基本薪酬体系的类型

目前比较通行的基本薪酬体系主要有三种：基于职位的薪酬体系、基于技能的薪酬体系和基于能力的薪酬体系。三者的主要差别在于企业在确定员工的基本薪酬水平时，要依据员工从事工作本身的价值，还要依据员工自身的技能水平或依据员工所具备的胜任能力。

（一）基于职位的薪酬体系

1.职位薪酬体系的含义

职位薪酬体系，就是首先对职位本身的价值做出客观的评价，然后根据评价的结果赋予承担这一职位工作的人与该职位的价值相当薪酬的一种基本薪酬制度。

职位薪酬体系是一种传统的基本薪酬制度，其最大的特点是员工担任什么样的职位就得到什么样的薪酬，在确定基本薪酬的时候，基本上只考虑职位本身的因素，很少考虑人的因素。

2.职位薪酬体系的优点

职位薪酬体系实现了真正意义上的同工同酬，因此可以说是一种真正的按劳分配体制。

职位薪酬体系有利于按照职位系列进行薪酬管理，操作比较简单，管理成本较低。

职位薪酬体系晋升和基本薪酬增加之间的连带性，增加了员工提高自身技能和能力的动力。

3.职位薪酬体系的缺点

由于薪酬与职位直接挂钩，因此当员工晋升无望时就没有机会获得较大幅度的加薪，其工作积极性必然会受挫乃至出现消极怠工或者离职的现象。

有些员工个人的能力，可能会大大超过其所担任的职位本身所要求的技术或资格水平，但是在职位没有变动的情况下，他们也只能得到与当前工作内容相对等的薪酬水平，因此不利于及时地激励员工。

（二）基于技能/能力的薪酬体系

1.技能/能力薪酬体系的含义

技能/能力薪酬体系是指企业根据一个人所掌握的与工作有关的技能、能力，以及知识的深度和广度支付基本薪酬的一种薪酬制度。这种薪酬制度通常适用于所从事的工作比较具体而且能够被界定出来的操作人员、技术人员、办公室工作人员或管理人员。这种薪酬体系特点是员工所获得的薪酬是与知识、一种或多种技能以及能力联系在一起的。

2.技能/能力薪酬体系的优点

技能/能力薪酬体系有助于员工关注自身发展和不断提高技能,它激励员工不断开发新的知识和技能,提高员工在完成同水平层次以及垂直层次的工作任务方面,具有更大的灵活性和多功能性,从而有利于员工和企业适应市场上快速的技术变革。

技能/能力薪酬体系有助于达到较高技能水平的员工实现对企业更为全面的理解。这是因为,员工掌握的技能越多,他们越能够成为一种弹性的资源不仅能够扮演多种角色,而且能够建立起对整个工作流程的一种更好的全方位理解,从而更好地理解自己对于企业所作出贡献的重要性,他们就会更好地提供客户服务,更努力地去帮助企业实现其战略目标。

技能/能力薪酬体系在员工配置方面为企业提供了更大的灵活性。这是因为员工的技能区域扩大,使得他们能够在自己同伴缺勤的情况下替代他们的工作,而不是被动等待。同时,基于技能/能力薪酬向员工所获得的新知识和新技能支付薪酬,因此,技能/能力薪酬体系对于新技术的引进非常有利。

3.技能/能力薪酬体系的缺点

技能/能力薪酬体系要求企业在培训方面付出更多的投资,如果企业不能通过管理使得这种人力资本投资转化为实际的生产力,则企业可能因此无法获得必要的利润。

技能/能力薪酬体系的设计和管理都要比职位薪酬体系更为复杂,因此它会要求企业有一个更为复杂的管理结构,至少需要对每一位员工在技能的不同层级上所取得的进步加以记录。

事实上,企业采用何种薪酬制度最终还是取决于管理层对于员工的看法。职位薪酬体系与技能/能力薪酬体系的区别(见表6-1)。

表6-1 职位薪酬体系和技能/能力薪酬体系的比较

项目	职位薪酬体系	技能/能力薪酬体系
薪酬基础	以员工承担的工作为基础	以员工掌握的技能/能力为基础
价值决定	以员工担任的职位的价值为依据	以员工掌握的技能/能力的价值为依据
管理者关注的重点	工作对应薪酬,员工与工作匹配	员工对应薪酬,员工与技能/能力相连

续表

项目	职位薪酬体系	技能/能力薪酬体系
员工关注的重点	追求职位晋升,以获得更高报酬	寻求技能/能力的增多或提升,以获得更高报酬
程序	职位分析、职位评价	技能/能力分析,评价技能/能力
工作变动	薪酬随着职位变动	薪酬保持不变
培训作用	是工作需要而不是员工意愿	是增强工作适应性和增加报酬的基础
员工晋升	需要职位空缺	不需要职位空缺,只要通过技能/能力测试
优点	清晰地期望,进步的感觉	鼓励员工持续学习,便于人员流动
缺点	潜在的官僚主义,灵活性不足	对成本控制能力的要求较高

二、职位薪酬体系的设计流程

在实际运作中,基于职位的薪酬体系是一种运用最为广泛的基本薪酬制度。职位薪酬体系的设计主要有以下几个步骤:①职位分析。进行科学的职位分析,形成清晰的企业结构图和职位说明书体系,是做好薪酬设计的基础和前提。关于职位分析,我们已在本书第3章作了详细介绍,这里不再赘述。②职位评价。职位分析反映了企业对各个岗位的期望和要求,但并不能揭示各项工作之间的相互关系,因此要通过职位评价来对各个职位进行分析和比较,并准确评估各职位对企业的相对价值,得出职位等级序列及象征性薪酬额度。③薪酬调查。为了保证企业薪酬制度的外部公平性,还要进行市场薪酬调查,了解本地区、本行业的薪酬状况,尤其是竞争对手的薪酬情况,从而为薪酬水平定位和薪酬结构设计提供参考数据。④薪酬水平定位。这主要是指企业薪酬水平在行业内的位置。通过薪酬定位,可以将企业薪酬水平和结构在行业内寻找到一种合适的位置,为企业的人才战略和发展战略服务。⑤薪酬结构设计。这是薪酬设计的核心环节之一,在职位评价和薪酬调查的基础之上,对具体职位的薪酬结构进行制定,包括薪酬结构线、薪酬等级和薪酬变动范围进行统筹安排。企业关注点的不同就会形成不同的薪酬结构。⑥薪酬方案的实施与完善。在实施薪酬方案过程中要不断修正偏差,使方案更加合理和完善。另外要建立薪酬管理的动态机制,要根据企业经营环境的变化和企业战略的调整对薪酬方案适时地进行调整(见图6-2)。

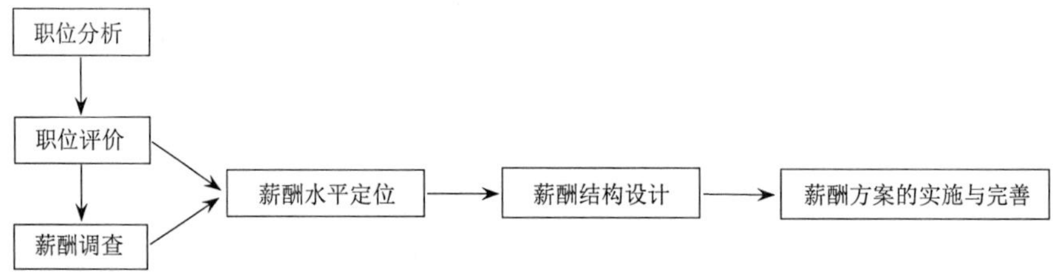

图6-2 职位薪酬体系的设计流程

三、职位评价

职位评价是通过采用一整套标准化、系统化的评价指标体系,对企业内部各职位之间的相对价值进行评价,得到各职位的评价点值,以此作为该职位薪酬水平的主要依据。职位评价是薪酬设计流程的一个重要环节。职位评价的方法一般有四种,分别是排序法、归类法、要素比较法和要素计点法,在实践中最常用的是要素计点法(见表6-2)。

表6-2 职位评价的四种方法

评价时的参照系	方法的性质	
	非量化方法	量化方法
其他的职位	排序法	要素比较法
既定的尺度	归类法	要素计点法

(一)排序法

排序法即按照各个职位的价值大小进行排序。由于没有客观的评价尺度,评价的主观性较大,而且各职位之间确切的差距也不清楚。

(二)归类法

归类法是一种将各种职位放入事先确定好的不同职位等级之中的一种职位评价方法。使用该方法时,首先要确定合适的职位等级数量。通常情况下,企业中的职位类型越多,职位之间的差异越大,则所需要的职位等级就会越多,反之,就会比较少。然后,编写每一职位等级的定义。等级定义通常是对职位内涵的一种较为宽泛的描述,目的是指明可以被分配到本等级中来的职位所承担的责任的性质、所承担职责的复杂程度以及从事本等级中的这些职位工作所需要的技能，如表6-3所示。最后，根据职位等级定义对职位进行等级分类。

将每一个职位完整的职位说明书或者工作描述与上述的相关职位等级定义加以对照，然后将这些职位分配到一个与该职位的总体情况最为贴切的职位等级之中去。如此类推，直至所有的职位都被分配到相应的等级中去。

表6-3　某工程公司的职位分类系统（归类法职位评价）

<table>
<tr><th>工作等级</th><th>各工作等级中的工作类型</th><th>等级分类定义举例</th></tr>
<tr><td>8</td><td>首席执行官</td><td rowspan="14">1级：办公室的一般支持性职位。一般情况下，办公室一般支持职位向主管人员或者是部门管理人员汇报工作。这些职位通过完成以下任务对其他职位提供综合性支持服务：操纵办公室中的一些常规设备（如传真机、复印机、装订机等）；文件存档以及邮件的归类和传递。这些职位日常要遵守标准的办事程序，同时处理一些日常的事务。一些非常规性的事件以及问题往往交给主管人员或者相关人员来处理，要求从事这些工作的人具备基本的办公设备知识，并且了解一般性的办事程序</td></tr>
<tr><td>7</td><td>副总裁、高级经理</td></tr>
<tr><td>6</td><td>中层经理</td></tr>
<tr><td rowspan="2">5</td><td>技术4级</td></tr>
<tr><td>主管级职位</td></tr>
<tr><td rowspan="2">4</td><td>技术3级</td></tr>
<tr><td>职员3级、行政事务</td></tr>
<tr><td rowspan="3">3</td><td>技术3级</td></tr>
<tr><td>技术2级</td></tr>
<tr><td>职员2级</td></tr>
<tr><td rowspan="2">2</td><td>技术1级</td></tr>
<tr><td>职员1级</td></tr>
<tr><td>1</td><td>办公室的一般支持性职位</td></tr>
</table>

（三）要素比较法

要素比较法是一种量化的职位评价技术，它需要用到的薪酬要素比其他方法更多，是一种比较复杂的排序法。要素比较法要多次选择薪酬要素，并据此分别对职位进行多次排序。例如，第一次可能是根据“技术复杂程度”这个要素对职位进行排序，第二次则可能是根据职位的“心理要求”来对职位进行排序等。最后把每个职位在各个薪酬要素上的得分通过加权得出一个总分，然后得到一个总体职位序列分。在职位排序的时候，要素比较法已不再是单纯地比较职位之间的相对价值，而是把薪酬的因素也考虑进来。因此，尽管要素比较法客观明确，但是操作起来却非常复杂。

（四）要素计点法

它主要是根据各个职位在薪酬要素上的点值来确定它们相对价值的一种方法。其操作步骤如下。

第一，选取合适的薪酬要素，并划分每个薪酬要素的等级。薪酬要素是指一个企业认为在多种不同的职位中包括的一些对其有价值的特征。在实际操作中，最为常见的薪酬要素主要是责任、技能、努力以及工作条件四大类别，每一要素类别可以设置多个要素指标。薪酬管理人员也可以根据实际情况增加或减少薪酬要素类别以及指标。在确定了薪酬要素指标以后，可以再根据重要程度将每个要素指标划分为若干等级。等级的划分取决于企业内部各职位在该要素指标划分方面的差异程度，差异程度越大，划分的等级就越多。表6-4就是一个有关指导监督责任的例子。

表6-4　指导监督责任的等级划分及含义界定

要素编号：A03 要素名称：指导监督责任 要素类别：工作责任 要素定义：指任职者在正常的权力范围内所承担的正式指导、监督、评价等方面的责任。责任的大小根据任职者直接指导和监督的人数及层次来划分	
等级	等级说明
1	不监督任何人，只对自己的工作负责
2	指导、监督4名以下第一级别人员
3	指导、监督5—10名第一级别人员或1—3名第二级别人员
4	指导、监督4—6名第二级别人员或1—3名第三级别人员

续表

要素编号:A03 要素名称:指导监督责任 要素类别:工作责任 要素定义:指任职者在正常的权力范围内所承担的正式指导、监督、评价等方面的责任。责任的大小根据任职者直接指导和监督的人数及层次来划分	
5	指导、监督4—6名第三级别人员或1—3名第四级别人员

第二,确定每个薪酬要素在职位评价体系中所占的"权重"或者相对价值。薪酬要素在总体薪酬要素体系中所占的权重是以百分比的形式表示的,它代表了不同的薪酬要素对于总体职位评价结果的贡献程度或者是所扮演角色的重要性程度。

第三,确定每一种薪酬要素在内部不同等级或水平上的点值。在各种薪酬要素所占的权重确定下来以后,企业还需要为即将使用的职位评价体系确定总点数或总分。通常情况下,如果被评价的职位数量比较多,而且价值差异比较大,那么,需要使用的总点数就应该比较高一些,反之,总点数可以相对小一点。在不同薪酬要素的总点值确定下来之后,企业还必须确定每一种薪酬要素在内部不同等级上的点值。表6-5是一个点数分配的例子。我们假定总点数为800分,四个大类平均分配,因而分配给工作职责的点数就是200分。然后,依据工作职责各要素指标以及各个等级的权重,再将大类总分分配到各个薪酬指标及等级上去。

表6-5 工作职责要素指标及其等级的评价点数

编号	要素名称	要素类别	权重	最高点数	等级划分	等级点数
A01	实现战略责任	工作责任	40%	80	1、2、3、4、5	16、32、48、64、80
A02	控制风险责任	工作责任	30%	60	1、2、3、4、5	12、24、36、48、60
A03	指导监督责任	工作责任	30%	60	1、2、3、4、5	12、24、36、48、60
合计			100%	200		

第四,评价企业内每一职位的点值。前面的步骤仅是对职位评价所做的前期准备,即为职位评价提供一套依据、标准或者尺度。真正的职位评价实际上在这一步才开始。在进行实际的职位评价时,评价者需要考虑将被评价职位在每一个既定的薪酬要素上实际处于哪一个等级,然后根据这

种等级所代表的点数确定被评价职位在该薪酬要素上的点数,当被评价职位在所有薪酬要素上的应得点数都得到之后,将此职位在所有薪酬要素上的得分进行加总即可得到该职位的最终评价点数。

四、薪酬调查

(一)薪酬调查的含义

薪酬调查就是通过各种调查手段,以获取相关企业和本企业各职位的薪酬水平和薪酬结构的信息。企业要吸引和留住员工,不但要保证企业薪酬制度的内在公平性,而且要保证企业薪酬制度的外在公平性,因此要组织力量开展薪酬调查。了解和掌握本地区、本行业的薪酬水平状况,并参照这些及时制定和调整本企业对应职位的薪酬水平及企业的薪酬结构,确保企业薪酬制度外在公平性的实现。

(二)薪酬调查的要点

在进行薪酬调查之前,人力资源部必须事先确定拟调查的区域、调查的行业、调查的公司、调查的职位,调查的内容应包括薪酬水平、薪酬结构和相关的薪酬政策等。

(三)薪酬调查的步骤

第一步,选定相关行业和职位。选定相关行业和职位是薪酬调查的首要步骤。不同的行业可能有很多种不同的薪酬结构,即使是相同的职位名称,其工作内容和职责也会有很大的区别。例如,总经理办公室秘书一职,在有些公司中相当于总经理助理,可以帮助总经理统揽公司管理的一个或几个方面,甚至在总经理外出时,可以代总经理行使其职责;而在有些公司,只相当于打字员,负责总经理的文件打印和接待工作。所以,行业和职位的选择要恰当。

第二步,确定调查范围。调查范围包括要调查的公司的类型和数目。具体情况要根据调查的目的而定,一般情况下要选择那些处于同一行业,并且在同一个劳动力市场上有竞争可能、实力等于或大于自己的公司。

第三步,进行实际调查。准备工作做好后就可以进行实际的调查了。为保证调查的效果,人力资源部应事先拟定好调查提纲,设计好调查表格,并着手调查。

第四步,整理和分析调整数据。薪酬调查的数据主要包括薪酬水平、薪酬结构和薪酬政策等。薪酬调查结束之后,要对收集到的数据进行整理和分析。在整理中要注意将不同岗位和不同调查内容的信息进行分类,并在整理的过程中注意识别是否有错误的信息。最后,根据调查的目的,有针对性地对数据进行分析,形成最终的调查结果。

五、薪酬水平定位

薪酬水平是指企业内部各类职位和人员平均薪酬水平的高低状况,它反映了企业薪酬的外部竞争性。企业是否完全按照市场薪酬线来确定实际的薪酬水平,取决于企业的薪酬策略,即企业在薪酬水平上的市场定位。企业可以结合自己的薪酬战略,制定企业的薪酬策略,确定企业内各职位的实际薪酬水平。①

(一)市场领先策略

采取市场领先策略的企业给员工的报酬高于市场上大多数的竞争者,从而使企业更具有竞争优势。这些企业的薪酬水平在市场工资线的上方。通常具有这样的特征:投资回报率较高、薪酬成本在企业经营总成本中所占的比率较低、产品市场上的竞争者少。

采用市场领先策略的优势在于:①能够很快为企业吸引来大批可供选择的求职者;②较高的薪酬水平提高了员工离职的机会成本,有助于改进员工的工作绩效,从而降低员工的离职率以及减少对员工工作过程进行监督而产生的费用;③较高的薪酬水平使得企业不必跟随市场薪酬水平经常性地为员工加薪,从而节省薪酬管理的成本;④较高的薪酬有利于提高企业的形象和知名度。市场领先策略适合于采取差异化战略的企业,如华为公司运用市场领先策略,通过为员工提供有竞争性的薪酬,吸纳了大量优秀的人才。

(二)市场跟随策略

市场跟随策略是指企业根据市场工资线来确定工资水平,其薪酬水平刚好处于市场的平均水平上。这些公司往往既希望确保自己的薪酬成本与产品竞争对手的成本保持基本一致,从而不至于在产品市场上陷入不利地位,又希望自己能够吸引和保留员工,不至于在劳动力市场上输给竞争对手。

①李丽娟.探寻薪酬管理体系的最优解[J].人力资源,2024(11):86-87.

市场跟随策略对企业来说是一种安全的、风险可能是最小的办法，它能够吸引到足够数量的员工为其工作，只不过在吸引那些非常优秀的求职者方面没有什么优势。但是企业可以用节约的资金来满足其昂贵的经营资本的需要——如研究设备和实验室。采用这种薪酬水平策略的企业需要注意随时根据外部市场的变化调整薪酬水平，以保证与市场薪酬水平的一致性。

（三）市场滞后策略

市场滞后策略是指企业提供的薪酬水平低于其他竞争者，薪酬水平在市场工资线的下方。这些企业大多处于竞争性产品市场上，边际利润率比较低，成本承受能力很弱。受产品市场上较低的利润率所限，没有能力为员工提供高水平的薪酬，是企业实施滞后策略的一个主要原因。

实施市场滞后策略的企业可能很难招到和保留高素质员工，而且过于频繁的人员流失会降低企业有效经营和及时向市场提供产品和服务的能力。尽管滞后策略会削弱企业吸引和保留潜在员工的能力，但是如果采用滞后策略是以提高未来收益作为补偿的，则这种策略反而有助于提高员工对企业的组织承诺度，培养他们的团队意识，进而改善绩效。例如，在一些高科技企业中，企业支付给员工的基本薪酬可能会低于市场水平，但是员工可以获得企业的股票或者股票期权，这种将滞后薪酬水平策略和未来的较高收入结合在一起的薪酬组合，不但不会影响企业吸引和保留员工的能力，反而有助于增强员工的工作积极性和责任感。

六、薪酬结构设计

（一）薪酬结构线

薪酬结构是指企业内部各个职位之间薪酬的相互关系，它反映了企业支付薪酬的内部一致性，这种关系通常用“薪酬结构线”来表示。职位评价的结果，各职位的相对价值就是员工付出的反映。因此，绘制薪酬结构线各点的斜率应该相等，薪酬结构线呈直线。

一般来说，薪酬调查的结果和职位评价的结果，即外部公平性和内部公平性是一致的，也就是说内部市场薪酬水平和评价点数或序列等级确定的薪酬点都分布在薪酬结构线的周围。但是，有时也会出现不一致的情况，这时薪酬点就会明显地偏离薪酬结构线。当薪酬点明显偏离薪酬结构线时，就表明企业内部公平性和外部公平性之间不一致。遇到这种情况，通常要按照外部公平性优先的原则来调整这些职位薪酬水平，否则，要么就是这些职位的薪酬水平过低，无法招聘到合适人员；要么就是薪酬水平过高，企业承担了过高的成本。

（二）薪酬等级及变动幅度

根据既定的薪酬结构线，需进一步确定不同薪酬等级及其变动幅度。薪酬等级是按照职位评价结果，将评价分值相近的职位进行合并而形成的。薪酬等级数因企业规模和机构特点而不同。薪酬等级的变动幅度，简称薪幅，又称“带宽”，即一个职位等级内薪酬变化的范围，其下限一般称为等级起薪点，中间薪酬结构线穿越的为中点，上限为顶薪点。薪幅大小与薪酬等级数多少直接相关，一般情况下，等级数越多，薪幅就会较小些，反之就较大些。薪幅差一般在10%～120%，其中，初级职位一般在10%～35%；中级职位一般在35%～60%；高级职位一般在60%～120%。

（三）薪酬等级重叠

在实际职位薪幅设计中，相邻等级的薪幅大多数情况下是有一定重叠的。这就意味着较低等级的薪酬水平有可能高于较高等级的薪酬水平，薪酬等级间的绝对差额相对较小。此外，在各工作职位类别间的薪幅可以是相同的，也可以是变化的，一般情况下是设计成递增型的。这是因为职位级别越高，其劳动性质和工作价值差别就越大，所以薪酬变化幅度也应该拉大些。

第三节 激励薪酬

一、激励薪酬的含义

激励薪酬是指以工作绩效为依据而支付的一种报酬形式。激励薪酬的目的是激发员工的积极性和创造性。激励薪酬也称作可变薪酬，即这种薪酬直接与员工的工作成果挂钩，随其实际工作绩效的变化而上下浮动。由于激励薪酬是额外的薪酬给付，不具有普遍性，因此，相对于基本薪酬而言，激励薪酬更具有激励作用。激励薪酬是有效留住企业核心人才、构建企业竞争优势、实现企业战略目标的重要手段。

激励薪酬一般可分为个人激励薪酬和群体激励薪酬两种类型。

二、个人激励薪酬

个人激励薪酬是指主要以员工个人的绩效表现为基础而支付的薪酬，这种支付方式有助于员工不断地提高自己的绩效水平，但是由于它支付的基础是个人，因此不利于团队的相互合作。个人激励薪酬主要有以下几种形式。

（一）计件制

计件制是最常见的一种激励薪酬形式，它是根据员工的产出水平和工资率来支付相应的薪酬。包括简单计件制和差别计件制两种形式。

简单计件制，是指员工所得工资是单件产品的报酬和生产数量的乘积，不管生产多少，每一件的报酬不变。因而容易计算，而且可以准确预算出劳动力成本。

差别计件制，是指员工产量在一定标准内支付统一的单位报酬，而超出标准的，则每单位支付较高的报酬。

例如，假设工人的标准定额为每天300件，每件1.4元，而超过300件则为每件2.0元，由此可以算出这个工人一天生产400件所得的报酬：300×1.4＋100×2.0=620（元）。当然这两种激励制度可以结合使用，由公司的具体情况来决定。

计件制的激励效果比较明显，比较适用于产出数量容易计量、质量标准明晰的工作，如生产加工人员等。而对于管理岗位、技术人员、市场研发人员等，则相对较难实行计件制。①

（二）标准工时制

标准工时制就是首先确定完成某项工作的标准时间，当员工在标准时间内完成工作任务时，依然按照标准工作时间来支付薪酬，由于员工的工作时间缩短了，这就相当于工资提高了。

在实践中，员工因为节约工作时间而形成的收益是要在员工和企业之间进行分配的，不可能全部都给予员工，因此标准工时制也有两种变形：

①姜梦萍．用“薪”激励更要用“心”激励[J]．人力资源，2024(11)：94-95.

一是平均分享制，就是指通过节约工作时间而形成的收益在企业和员工之间按50:50平均分享；二是比率分享制，就是指员工分享的收益根据其节约时间的比率来确定，例如，某项工作的标准工作时间是5小时，员工只用了4小时就完成了工作，那么因工作时间节约而形成的收益，员工就可以分享到20%。标准工时制比较适用于产品数量标准难以测量和分辨、产品质量难以控制、生产规模小、便于监督管理的工作。

（三）绩效工资

绩效工资就是指根据员工的绩效考核结果来支付相应的薪酬。由于有些职位的工作结果很难用数量和时间进行量化，不太适用上述的两种方法，因此就要借助绩效考核的结果来支付激励薪酬。绩效工资有两种主要的形式：一是绩效调薪；二是绩效奖金。

绩效调薪是指根据员工的绩效考核结果对其基本薪酬进行调整。调薪的周期一般按年来进行，而且调薪的比例根据绩效考核结果的不同也应当有所区别，绩效考核结果越高，调薪的比例相应就越高，如表6-6所示。

表6-6　绩效调薪举例

绩效考核等级	S	A	B	C	D
等级说明	非常优秀	优秀	合格	存在不足	有很大差距
绩效调薪幅度	6%	4%	0	-1%	-3%

进行绩效调薪时，有两个问题需要注意：一是调薪不仅包括加薪，而且包括减薪，这样才会更具有激励性。例如，在上例中，当员工的绩效等级处于D档时，基本薪酬要下调3%。二是调薪要在该职位或该员工所处的薪酬等级所对应的薪酬区间进行，也就是说员工基本薪酬增长或减少不能超出该薪酬区间的最大值或最小值。

绩效奖金是指根据员工的绩效考核结果给予一次性奖励，奖励方式与绩效调薪方式有些类似，不同之处是对于绩效不良者不会进行处罚。

虽然绩效奖金支付的依据也是员工的绩效考核结果和基本薪酬，但它与绩效调薪还是存在着明显的不同。首先，绩效调薪是对基本薪酬的调整，而绩效奖金则不会影响基本薪酬。其次，支付的周期不同。由于绩效调薪是对基本薪酬的调整，因此不可能过于频繁，否则会增加管理的成本和负担，而绩效奖金则不同，由于它不涉及基本薪酬的变化，因此周期可以相对较短，一般按月或按季来支付。最后，绩效调薪的幅度要受薪酬区间的限制，而绩效奖金则没有这一限制。

三、群体激励薪酬

与个人激励薪酬相对应，群体激励薪酬是指以团队或企业的绩效为依据来支付薪酬。群体激励薪酬的好处在于它可以使员工更加关注团队和企业的绩效，增进团队的合作，从而更有利于整体绩效的实现。群体激励的形式较多，这里主要介绍以下几种。

（一）利润分享计划

利润分享计划是指对代表企业绩效的某种指标（通常是利润指标）进行衡量，并以衡量的结果为依据对员工支付薪酬。

利润分享计划有两个潜在的优势：一是将员工的薪酬和企业的绩效联系在一起，可以促使员工从企业的角度去思考问题，增强员工的责任感；二是利润分享计划所支付的薪酬不计入基本薪酬，这样有助于灵活地调整薪酬水平。

利润分享计划一般有三种实现形式：一是现金现付制，就是以现金的形式即时兑现员工应得到的分享利润；二是递延滚存制，就是指利润中应发给员工的部分不立即发放，而是转入员工的账户，留待将来支付，这种形式通常是和企业的养老金计划结合在一起的；三是混合制，就是前两种形式的结合。

（二）斯坎隆计划

斯坎隆计划最早是在20世纪30年代中期由美国的一位工会领袖约瑟夫斯坎隆提出的一个劳资合作计划，就是以成本节约的一定比例来给员工发放奖金。它的操作步骤如下。

第一步，确定收益增加的来源，通常用劳动成本的节约表示生产率的提高，用次品率的降低表示产品质量的提高和生产材料等成本的节约。将上述各种来源的收益增加额加总，得出收益增加总额。

第二步，提留和弥补上期亏空。收益增加总额一般不全部进行分配，如果上期存在透支的话，要弥补亏空；此外还要提留出一定比例的储备，得出收益增加净值。

第三步，确定员工分享收益增加净值的比重，并根据这一比重计算出员工可以分配的总额。

第四步，用可以分配的总额除以工资总额，得出分配的单价。

（三）股票所有权计划

目前，常见的股票所有权计划主要有三类：现股计划、期股计划和期权计划。现股计划就是指公司通过奖励的方式向员工直接赠予公司的股票或者参照股票当前的市场价格向员工出售公司的股票，使员工立即获得现实的股权，这种计划一般规定员工在一定时间内不能出售所持有的股票，这样股票价格的变化就会影响员工的收益。通过这种方式，可以促使员工更加关心企业的整体绩效和长远发展。

期股计划则是指公司和员工约定在未来某一时期员工要以一定的价格购买一定数量的公司股票，购买价格一般参照股票的当前价格确定，这样如果未来股票的价格上涨，员工按照约定的价格买入股票，就可以获得收益；如果未来股票的价格下跌，那么员工就会有损失。例如，员工获得了以每股15元的价格购买股票的权利，两年后公司股票上涨到20元，如果他以当初的价格买入股票，每股就可以获得5元的收益；相反，如果股票价格下跌到10元，那么他以当初的价格买入股票，每股就要损失5元。

期权计划与期股计划比较类似，不同之处在于公司给予员工在未来某一时期以一定价格购买一定数量公司股票的权利，但是员工到期可以行使这项权利，也可以放弃这项权利，购股价格一般也要参照股票当前的价格确定。

绩效考核是企业管理的永恒话题，绩效考核引导员工行为，不同阶段的企业考核的重点不一样。总而言之，绩效考核要实现精细化、人性化，做到企业与员工的双赢。

第四节 福利薪酬

一、福利薪酬的含义

福利薪酬是指企业支付给员工的间接薪酬。与直接薪酬相比，福利薪酬具有两个重要的特点：一是直接薪酬往往采取货币支付和现期支付的方式；而福利薪酬多采取实物支付或延期支付的形式。二是直接薪酬具有一定的可变性，与员工个人直接相连；而福利薪酬则具有固定成本的性质。

相比直接薪酬，福利薪酬具有自身独特的优势：首先，它的形式灵活多样，可以满足员工的不同需要；其次，福利薪酬具有典型的保健性质，可以减少员工的不满意，有助于吸引和保留员工，增强企业的凝聚力；再次，福利薪酬还具有税收方面的优惠，可以使员工得到更多的实际收入；最后，由企业集体购买某些产品，具有规模效应，可以为员工节省一定的支出。

但是福利薪酬也存在着一定的缺点：首先，由于它具有普遍性，与员工个人的绩效并没有太大的直接联系，因此在提高员工工作绩效方面的效果不如直接薪酬那么明显，这也是福利薪酬的主要缺点；其次，福利薪酬具有刚性，一旦为员工提供了某种福利，就很难将其取消，这样就会导致福利的不断膨胀，从而增加企业的负担。

二、福利薪酬的类型

不同的企业，福利薪酬的内容是各不相同的，存在着非常大的差异。福利薪酬按不同的标准可以进行不同的分类。福利薪酬按照其制定的依据不同可以划分为两类。①

（一）国家法定福利

国家法定福利是指由国家相关法律和法规规定的福利内容。国家法定福利具有强制性，任何企业都必须执行。我国目前的法定福利主要包括以下三种。

①王木．企业人力资源管理中薪酬与绩效管理的作用[J]．中国集体经济，2024(15):109-112.

1. 法定社会保险

法定社会保险包括养老保险、医疗保险、失业保险、工伤保险和生育保险，企业必须按照员工工资的一定比例为员工缴纳保险费。

2. 法定假期

法定假期包括：①公休假日和法定假日。目前，我国实行每周双休的公休日制度，同时规定了元旦、春节、国际劳动节、国庆节等为法定休息日。在公休日和法定日加班的员工应当享受相当于基本工资双倍或三倍的津贴补助。②带薪休假。带薪休假是指员工工作满一定的时期后，可以带薪休假一定的时间。③其他假期。在我国，员工还可以享受探亲假、婚丧假、产假与配偶生育假等。探亲假的享受对象是企业中那些与直接亲属不在同一个区域的员工，具体规定各地区有所不同。达到法定结婚年龄的员工可以享受婚假，晚婚者可以多享受一定的假期。符合生育政策的女职工可以享受产假，男职工可以享受配偶生育假以照顾分娩的妻子。

3. 住房公积金

住房公积金是指单位及其在职员工缴存的长期住房储金，由两部分组成，一部分由职工所在单位缴存，另一部分由职工个人缴存，职工个人缴存部分由单位代扣后，连同单位缴存部分一并缴存到住房公积金个人账户内。为了加强住房公积金的管理，维护住房公积金所有者的合法权益，促进城镇住房建设，提高城镇居民的居住水平，国务院颁布了《住房公积金管理条例》。

（二）企业自主福利

企业自主福利是企业在国家法定福利之外向员工提供的其他福利项目。此类福利是企业根据自身的管理特色、财务状况和员工的内在需求，向员工提供的各种补充保障计划以及向员工提供的各种服务、实物等。由于不具有强制性，因此没有统一的标准。一般来说，企业自主福利包括以下内容。

各种补充保险计划：如企业补充养老金计划、补充医疗计划等。

住房补贴：它是指企业为了使员工有一个较好的居住环境而提供给员工的一种福利，主要包括：企业购买或建造住房后免费或低价租给员工居住；为员工的住所提供免费或低价装修；为员工购买住房提供免息或低息贷款，全额或部分报销员工租房费用。

交通补贴：如企业派专车到员工家接送上下班；上下班员工到一些集中点去等车；企业按规定为员工报销上下班交通费等。

文体旅游性福利：企业集体文体活动、企业自建文体设施、文体活动折扣票和免费票等；企业组织旅游活动。

生活福利：咨询服务、法律顾问、贷款担保、托儿所、老人护理、内部优惠商品、购物卡等。

三、福利薪酬管理

福利薪酬管理是薪酬管理的一个重要组成部分，福利是保健因素，福利计划实施得不好，员工会觉得不满意。为了满足员工对高质量生活水准的追求，福利薪酬在整个薪酬体系中所占的比重会越来越大，因此福利薪酬的设计与管理逐步成为人们关注的话题。

（一）确定福利薪酬项目

过去在确定福利薪酬项目时千篇一律，很少考虑个性化的员工需求，导致企业花了钱、员工却不买账的现象。实际上不同员工的需求层次是不一样的。例如，年轻员工对个人能力提升和晋升等机会性福利需求较明显，而对实物性福利可能更淡化一些，因而在确定福利薪酬项目时要因人而异。企业可以对员工展开调查，在企业财力可承受以及具有可操作性的条件下尽量满足员工的需求。当企业满足了那些特殊的需求时，员工更会对企业“心存感激”。

（二）确定福利薪酬限额

可以以基本工资为标准，根据福利薪酬在报酬中所占的比例来确定每个人的福利薪酬限额。因为基本工资综合考虑了职位因素和员工个人因素，能较好地反映员工对企业的价值贡献，在此基础上确定福利薪酬限额更能体现福利薪酬制度的内部公平性。

（三）确定提供福利薪酬的形式

福利薪酬形式越灵活就越能满足员工的不同需求，因此福利薪酬的功能就越容易实现。但随之而来的是成本增加、管理难度加大。福利薪酬形式要依据企业的具体情况而定。

（四）建立沟通反馈机制

通过事前的沟通了解员工对福利薪酬制度的态度和期望，通过反馈机制，及时诊断存在的问题并采取有效措施修订福利薪酬方案。

第七章 职业生涯管理

第一节 职业生涯管理概述

一、职业生涯的概念

（一）职业

在了解职业生涯之前，我们先了解职业的含义。职业一般是指人们为了谋生和发展而从事相对稳定的、有收入的，专门类别的社会劳动。职业是人类文明进步、经济发展以及社会劳动分工的结果。同时，职业也是组织与个体的结合点，这也就是说，个人是职业的主体，但个人的职业活动又必须在一定的组织中进行。组织的目标靠个体通过职业活动来实现，个体则通过职业活动对组织的存在和发展作出贡献。因此，职业活动对员工个人和组织都具有重要的意义。

从个人的角度讲，职业活动几乎贯穿人一生的全过程。人们在生命的早期阶段接受教育与培训，为的是为职业做准备。从青年时期进入职业世界到老年退离工作岗位，职业生涯长达几十年，即使退休以后仍然与职业活动有着密切的联系。职业不仅是谋生的手段，也是对个人的生活方式、经济状况、文化水平、行为模式、思想情操的综合反映，更是一个人的权利、义务、职责以及社会地位的一般性表征。

从组织的角度讲，不同的工作岗位要求具有不同能力、素质的人担任，把合适的人放在合适的位置上，是人力资源管理的重要职责。只有使员工选择了适合自己的职业并获得职业上的成功，真正做到人尽其才、才尽其用，组织才能可持续发展。组织能不能获得员工的情感认同，能不能充分调动员工积极性，关键因素在于组织能不能为员工创造条件，并对他们的职业进行管理，使他们有机会获得一个有成就感和自我实现感的职业。

（二）职业生涯

1.职业生涯的概念

职业生涯的概念大致有两种观点：一种观点是从某一类工作或某一组织出发，把职业生涯看作其中一系列职位构成的总体；另一种观点则把职业生涯看作个人的一种功能，而不是某种工作或某一组织的功能。由于每个人几乎都经历过一系列独特的工作、岗位经验，这种观点认为，每个人实际上都在追求一个独特的职业生涯。综合学者们的观点，我们将职业生涯界定为一个人与工作相关的整个人生历程，是一个人在一生中所经历的与工作、生活和学习有关的过程、经历和经验。对于职业生涯的定义，我们可以作如下理解：每个人只有一个职业生涯历程，不管他从事多少工作或经历多少个岗位，都是他职业生涯的一部分；职业生涯是一个连续的过程，从接受教育为职业做准备直到退出工作领域；职业生涯是不断变化的过程，会经历不同的组织和不同的工作岗位；职业生涯没有专业的限制，任何与工作相关的经历都可以称为职业生涯，包括自由职业者或进行进修等。①

2.职业生涯的特点

职业生涯具有时间性、独特性、主动性和不可逆转性的特点，了解职业生涯的特点能帮助我们进一步了解职业生涯。

（1）时间性

与人的自然成长规律一样，职业生涯的发展具有阶段性。这种阶段性一般是根据工作年限来划分，且每一个阶段都会表现出不同的职业特点，如成长阶段、探索阶段、确立阶段、维持阶段和衰退阶段，每个时期的职业特点和职业内容都有所不同，组织在不同的时间段，对员工的管理也不相同。各阶段之间并不是简单的并列关系，而是一种递进关系，前一阶段是后一阶段的基础，前一阶段的状态越好，后一阶段的状态才有可能越好。另外，每个人经历的组织和岗位，或者从事某个职业的时间也不一样，有的人一生只从事一种职业，但有的人一生之中会从事各种不同的职业。

（2）独特性

每个人的价值观、人格、能力、成长环境、受教育背景等各不相同，导致

①鲁鸿．探究中小企业员工职业生涯管理现状与对策[J]．东方企业文化，2023(S2)：83-85.

每个人所从事的职业也不相同,其职业生涯会存在很大差异,如有的人适合或有兴趣从事销售工作;但有的人却适合或有兴趣从事研发工作。正是由于这种差异性的存在,每个人的职业生涯设计都应该是个性化的。职业生涯规划只有是个性化的,才能对自己的职业生涯发展具有切实的指导意义。此外,差异性并不妨碍人们对职业生涯发展规律的认识和运用。对职业生涯的差异性和自身的独特性认识得越充分,职业生涯管理就会越有针对性。

(3)主动性

职业生涯是一个人一生连续不断的发展过程,每个人都会主动去规划和管理自己的职业生涯。比如,主动地寻找适合自己的工作,希望能够有更好的成长和发展机会。所以,善于规划并有明确目标和强烈进取精神的人可能会成长得快一些、好一些,而不善于规划,没有明确目标的人可能会成长得慢一些。但是,不管怎样,随着时间的推移,每个人都会在不同方面有不同程度的成长。

(4)不可逆转性

一个人由幼年到成年,再到老年,这是一个不可改变的自然发展过程,它必须遵循从生到死的规律,想重来是不可能的。职业生涯发展过程也是一样,具有不可逆转性。有些人到了职业生涯的一定阶段后,往往会后悔之前没有好好珍惜,或者没有去合理规划,但是之前的职业生涯已经不再可能改变。职业生涯发展的不可逆转性提醒人们要充分重视职业生涯发展中的每一步,因为今天的每一个选择,都可能影响你的下个选择。每个人都应该正确认识职业生涯的不可逆转性,好好规划自己的职业生涯,不能留下遗憾。

二、职业生涯管理的概念

一般来说,职业生涯管理是组织和员工个人对职业生涯进行设计、规划、执行、评估和反馈的一个综合性的过程,通过员工和组织的共同努力与合作,使每个员工的生涯目标与组织发展目标一致,使员工的发展与组织的发展相吻合。因此,职业生涯管理包括两个方面。

从个人的角度来讲,职业生涯管理是指一个人有目的地对自己的技能、兴趣、知识、动机和其他特点进行认识,获取职业信息并进行职业选择,同时为实现自己的职业目标而积累知识、开发技能的过程。个人可以自由地选择职业,但任何一个具体的职业和岗位,都要求从事这一职业的个人具备特定的条件,如受教育程度、专业知识与技能水平、身体状况、个性要求及品质要求等。并不是任何一个人都能适应任何一项职业的,这就产生了职业对人的选择。一个人在择业上的自由度很大程度上取决于个人所拥有的职业能力和职业品质,而个人的时间、精力、能力毕竟是有限的,要使自己拥有不可替代的职业能力和职业品质,就应该根据自身的潜能、兴趣、价值观和需要来选择适合自己的职业,这就需要对自己的职业生涯进行管理。因此,人们越来越重视职业生涯的管理,越来越看重自己的职业发展机会。

从组织的角度来讲,对员工的职业生涯进行管理,集中表现为帮助员工制订职业生涯规划,建立各种适合员工发展的职业通道,针对员工职业发展的需求进行适时的培训,给予员工必要的职业指导,以促使员工职业生涯的成功。组织是个人职业生涯得以存在和发展的载体。所以,员工的职业发展不仅是其个人的行为也是组织的职责,比如工作分析、员工筛选、员工培训、绩效管理等人力资源管理活动的重要作用在于为组织找到合适的人选,并为组织的发展提供人力资源保障。然而人力资源管理活动还越来越多地在扮演着另外一种角色,这就是确保员工在组织中找到自己的职业方向,并且鼓励员工不断成长,使他们能够发挥出其全部潜能。这种趋势得到强化的一个信号是,许多组织越来越多地强调和重视员工职业规划和职业发展。

综上所述,个人和企业都应该对员工的职业生涯进行管理,以实现员工的职业理想和帮助企业吸引人才。但是在本书中,职业生涯管理作为企业人力资源体系的一部分,我们侧重于讲述作为一种组织管理职能的职业生涯管理,即组织对员工的职业生涯管理。所以,我们将职业生涯管理界定为:组织为了更好地实现员工的职业理想和职业追求,寻求组织利益和个人职业成功最大限度的一致化,而对员工的职业历程和职业发展进行计划、组织、领导、控制等所采取一系列的手段。对于组织而言,职业生涯管理是组织的一项管理职能,最终目的是通过帮助员工实现职业理想,而达到组织既定的目标,在职业生涯的管理中会使用计划、组织、领导、控制等各项管理手段。职业生涯管理是组织对员工在本企业中的职业发展历程所进行的管理,包括为员工设计职业发展路径,确定职业发展方向,提供职业发展机会和平台,提供培训与开发机会,以帮助员工实现职业目标。

三、职业生涯管理的意义

对于企业来说人是最重要的资源。一方面,企业想方设法保持员工的稳定性和积极性,不断提高员工的业务技能以创造更好的经济效益;另一方面,企业又希望能维持一定程度的人员、知识、观念的重新替代以适应外界环境的变化,保持企业活动和竞争力。而开展职业生涯管理工作则是满足员工与企业双方需要的最佳方式。所以,职业生涯管理对个人和组织者具有极为重要的意义,主要表现在以下五个方面。

(一)可以优化组织人力资源配置,提高人力资源利用效率

职业管理中的一个基本问题是“员工适合做什么”,要回答这个问题就要明确员工的职业倾向、能力素质等。首先,员工在进入组织时,组织通过各种工具对员工进行测试和评价,了解员工的特长、能力、气质、性格、兴趣等,在充分了解员工之后再把员工放在合适的岗位上;其次,可以使企业获得培训需求的信息,基于员工的职业发展计划的各项培训会得到员工的支持和认同,有效的培训使得员工能更好地适应工作,满足工作岗位上所需要的知识和技能;最后,如果企业中出现岗位空缺,就能结合员工的个人能力和素质,根据人岗配置原则对员工进行调动、整合和再配置等活动,以便合理配置企业内的工作岗位。因此,加强职业生涯管理,使人尽其才、才尽其用,可以优化组织人力资源配置,提高人力资源利用率。

(二)提高员工满意度,降低员工流动率

组织通过对员工的潜能评价、辅导、咨询、规划和培训等为其提供了更大的发展空间,使员工发展更有目的性,员工可以确定自己的职业定位、职业兴趣、职业路径等,有助于员工实现自己的职业目标和职业理想,从而提高员工满意度。另外,员工在理解企业人力战略的情况下结合自身特点提高自身素质,会把自身利益与企业发展更紧密结合起来,岗位的适应性也能大幅提升一个人的满意度,从而能使员工的流动性降低。

(三)使组织和个人共同发展,保持企业和员工的竞争优势

现代企业都处于复杂和动态的环境之中,任何企业都难以摆脱某些事件的影响,比如企业常常面临兼并、收购重组或精编性裁员等不期而遇的

变化，这时组织结构就会变化，员工的职务也会变化。通过职业生涯管理，组织有长期的人才战略规划，能应对此类动荡造成的影响，也能保持企业持久的竞争优势；对员工来说有较强的知识和技能，就能应对企业大量裁员的困难，同时也不会因为组织变化而造成失业。组织和员工只有在一种通力合作的前提下，才能共同发展，在激烈竞争的环境中保持优势，而职业生涯管理能达成组织和员工通力合作。

（四）创建优秀的企业文化，实现“以人为本”的管理思想

企业文化的核心理念是企业员工具有共同的价值观和行为方式，“以人为本”的管理理念是充分尊重并满足员工个人正当合理的发展需求。企业进行员工职业生涯规划就是强调和肯定人的重要性，给员工提供不断成长、不断挖掘潜力并取得职业成功的机会和条件，从而创造一种高效率的工作环境和引人、育人、留人的积极向上的健康的企业文化。

（五）有利于创建“学习型企业”，促进企业的发展

员工职业生涯管理的核心是鼓励学习、鼓励创新、鼓励竞争。企业通过员工职业生涯管理，能构建一种善于学习、积极向上、不断进取、健康活泼的企业文化氛围，培养和造就大批能将企业发展目标和个人奋斗目标较好结合的、对企业忠诚的、勇于创新的各类人才队伍，从而为企业在激烈的市场竞争中处于不败之地奠定坚实的基础。

四、职业生涯发展的趋势

20世纪中后期以来，企业所面临的竞争环境变化剧烈，尤其是20世纪90年代以来随着信息技术和知识经济的迅猛发展，组织结构正在发生着根本性的变化，从传统科层体制向更具柔性、更扁平的组织形式发展，出现了信息化、分散化、虚拟化、小型化等多元发展趋势。在这一背景下，企业势必改变传统的长期雇用而代之以更具弹性的雇用形式，如雇用短期化、员工派遣、裁员等。相对于传统的职业生涯发展模式，有学者提出了无边界职业生涯和易变性职业生涯。

（一）无边界职业生涯

无边界职业生涯的概念最早出现于20世纪90年代，是由外国学者阿瑟（Arthur）在1994年《组织行为杂志》的特刊上首先提出来的，他将无边界职业生涯定义为“超越单个就业环境边界的一系列就业机会”。1996年进

一步进行了修正和丰富，他详细描述了六种不同的无边界职业生涯：像硅谷公司职员一样跨越不同雇主的边界流动的职业；像学者或木匠等职业那样从现在的雇主之外获得从业资格的职业；像房地产商那样受到外部网络和信息持续支持的职业；打破关于层级和职业晋升的传统组织设想的职业；不是非职业本身或组织内部原因，而是个人或家庭原因令其放弃的现有职业机会的职业；基于从业者自身的理解，认为是无边界而不受结构限制的职业。与传统的职业生涯不同，无边界职业生涯注重职业技能的提升以代替长期雇用保证（见表7-1）。

表7-1 传统的职业生涯与无边界职业生涯的区别

分类	传统职业生涯	无边界职业生涯
雇用关系	用工作安全性换取忠诚	用灵活性换取工作业绩
环境边界	1—2家公司	多家公司
能力	由公司确定	可转移
如何衡量成功	报酬、提升、地位	心理上有意义的工作
职业生涯管理的责任	组织	个人
培训	正式的培训计划	在岗的学习和培训
里程碑	与年龄有关	与学习有关

无边界职业生涯的特点有：经常改变雇主，更换工种；人们拥有的工作技能、知识和能力不局限于某一公司，同样的技能、知识和能力可以在其他公司使用；通过有意义的工作实现个人价值；在职学习、随时自觉学习、向同事学习；建立和发展广泛的关系网，靠外部信息和网络开展业务；个人对自己的职业生涯管理负责；公司与员工之间的关系发生改变，员工通过在工作中良好的绩效而获得持续学习和竞争力；内部传统层级逐渐模糊。

无边界职业生涯对于员工来说，要避免短视行为，如盲目追求高收入和高职位而频繁“跳槽”，审慎选择每一份工作，无边界职业生涯能增强员工职业洞察力和持续积累人力资本、培育社会资本。对于组织来说，要为员工职业发展生涯提供咨询和各种职业信息，注意避免员工技能老化，支持员工持续地学习，培育支持员工无边界职业生涯管理的组织文化。

无边界职业生涯是时代的产物，符合知识经济社会的要求。无边界职业生涯理论强调职业生涯发展呈现出的无限可能性以及怎样识别并利用这些机会取得成功。大部分研究者在研究无边界时，着眼于迁移，但事实上，无边界职业生涯并不等同于盲目、无效的迁移，它更强调跨越，这是因为人们的职业迁移是由意愿驱动的，并且这种迁移更强调对各种边界的跨越。

（二）易变性职业生涯

职业生涯的传统观点认为一个人应该在一个或几个公司中线性发展，职业生涯成功的衡量标准是职位和薪水的高低；组织也应该为员工提供长期稳定的工作以及纵向的晋升机会，规划员工的职业生涯。这样的观点在过去较长一段时期占据统治地位，它与稳定的组织结构是匹配的，并且受到当时的经济环境和社会规范的支持。在如今多变、动荡、激烈竞争的商业环境中，任何企业都无法保证长期雇用的关系存在，所以易变性职业生涯的概念应运而生。易变性职业生涯是对传统职业观点的颠覆，它强调职业生涯的主体是个人而不是组织，个人遵循内心的价值观选择职业，职业成功的标志不是客观标准比如年薪或者职位高低，而是主观标准比如家庭幸福等。易变性职业生涯的本质就在于它不受到外在组织和特定职业生涯路径的约束，职业选择完全遵从内心的意愿。与传统的职业生涯相比，它为个人的职业发展提供了更加柔性、广阔和开放的框架，鼓励个人不断学习，不断突破，最终能够达到自我实现。表7-2显示了传统职业生涯与易变性职业生涯的区别。

表7-2 传统的职业生涯与易变性职业生涯的区别

分类	传统职业生涯	易变性职业生涯
目标	晋升、加薪	心理成就感
心理契约	工作安全感	灵活的受聘能力
管理责任	公司承担	员工承担
变动	垂直变动	水平变动

续表

分类	传统职业生涯	易变性职业生涯
模式	直线性、专家型	短暂性、螺旋形
发展	很大程度依赖正式培训	更依赖人际互助与工作经验
专业知识	知道怎么做	学习怎么做

易变性职业生涯的特点有:个人管理、主导着自己的职业生涯,而组织是个人发展的舞台,这是易变性职业生涯的根本前提,员工按照自己的意愿选择职业路径并且主动承担在职业发展上失败或成功的责任,这样就会形成易变性职业生涯。易变职业者需要具备高度的自我认知以及适应能力,如果一个人有自我反思的能力,就能够不断地评估和了解自己真正重要的东西是什么,这样他才能作出有效的职业决策,及时调整自己的行为和态度,以利更好地适合职业转变以及新的工作,并主动承担在职业发展上失败或成功的责任,享受职业成功。易变性职业生涯要求员工持续不断地终身学习。技术和产品的生命周期在大幅缩短,相应地,个人掌握它们的周期也在缩短,因此当易变职业者在各种不同的产品、技术等领域以及不同的组织出入时,他们的职业生涯实际上是由一系列短期学习周期组成,为了应对每个周期的挑战,易变职业者必须持续地学习。

第二节 职业生涯管理理论

一、职业选择理论

(一)霍兰德的职业性向理论

美国职业指导专家约翰霍兰德(J.Holland)在研究中发现,不同的人具有不同的人格特征,不同的人格特征适合从事不同的职业。由此他指出人格(包括价值观、动机和需要等)是决定一个人选择何种职业的另外一个重要因素,并提出了著名的职业性向理论,指出决定个人选择职业的六种基本的"人格性向",即现实型、调研型、社会型、常规型、企业型、艺术型六种。

1.现实型(R)

现实型的人一般乐于从事半技术性的或手工性的职业，他们更愿意去从事那些包含体力活动并且需要一定的技巧、力量和协调性才能完成的工作。现实型的人适合从事农场主、运动员、装配工人等。

2.调研型(I)

调研型的人为了知识的开发与理解而乐于从事现象的观察与分析工作。这些人思维复杂，有创见、有主见，但无纪律性，不切实际，易于冲动。具有这种性向的人会被吸引从事那些包含较多认知活动的职业，如生物学家、社会学家、大学教授。

3.社会型(S)

社会型的人喜欢为他人提供信息，帮助他人，喜欢在秩序井然、制度化的工作环境中发展人际关系和工作，其个性中较消极的一面是独断专行，爱操纵别人。社会型的人适合从事有诊所的心理医生、外交工作者等包含大量人际交往活动的职业。

4.常规型(C)

常规型的人会被吸引从事那些包含大量结构性和规则性的职业，他们喜欢和数据型及数字型的事实打交道，喜欢明确的目标，不能接受模棱两可的状态。这种个性类型的人最适于从事事务性的职业，如会计、出纳员、银行职员。

5.企业型(E)

企业型的人与社会型的人相似之处在于他(她)也喜欢与人合作。其主要的区别是企业型的人喜欢领导和控制他人，其目的是实现特定的组织目标。具有这种性向的人会被吸引从事那些包含大量以影响他人为目的的语言活动的职业，如管理人员、律师。

6.艺术型(A)

艺术型与传统型形成最强烈的反差。他们喜欢选择音乐、艺术、文学、戏剧等方面的职业，这类人是感情极丰富、但无组织纪律的。具有这种性向的人会被吸引从事那些包含大量自我表现、艺术创造、情感表达和个性化的职业，如艺术家、广告创意人员。①

①杨园.当代人力资源管理创新实践研究[M].北京:北京工业大学出版社,2023.

霍兰德的六种人格类型特征及相应的职业如表7-3所示。

表7-3 霍兰德六种人格类型特征及相应的职业

职业类型	人格特点	代表性职业
现实型	踏实稳重、诚实可靠、不善言辞，做事保守、较为谦虚、动作协调	飞行员、摄影师、制图员、机械装配工、司机、木匠、厨师、技工、修理工、农民等
调研型	坚持性强，有韧性，喜欢钻研、为人好奇，独立性强、求知欲强，善思考	科学研究人员、大学教授、工程师、电脑编程人员、医生、系统分析员等
社会型	为人友好、热情、善解人意、乐于助人、喜欢与人交往、善言谈	律师、咨询人员、科技推广人员、医生、护士、教师、传教士、临床心理学家等
常规型	有责任心、依赖性强、高效率、稳重踏实、细致、有耐心、有条理，习惯被指导	统计员、办公室人员、记事员、会计、行政助理、图书馆管理员、出纳员、打字员等
企业型	善辩、精力旺盛、独断、乐观、自信、好交际、机敏、有支配愿望	项目经理、营销人员、政府官员、企业领导、法官、律师、采购员等
艺术型	有创造性，非传统的，敏感，容易情绪化，较冲动，不服从指挥	导演、艺术设计师、雕刻家、建筑师、摄影家、广告制作人、歌唱家、作曲家、乐队指挥、小说家、诗人、剧作家等

实际上，每个人不是只具有一种职业性向，而是可能为几种职业性向的混合。霍兰德认为，这几种性向越相似，则一个人在选择职业时面临的内在冲突和犹豫就越少。霍兰德用一个六角形来表示各种性向的相似性如图7-1所示。在图7-1中的六边形中，越接近的两种人格，相关性越强。当个体无法找到与自己人格类型完全匹配的工作，但是找到与自己人格类型比较接近的工作时，个体适应的可能性就会比较大。而如果个体找到的工作是与自己的人格类型相反的工作，则个体适应的可能性就会比较小。

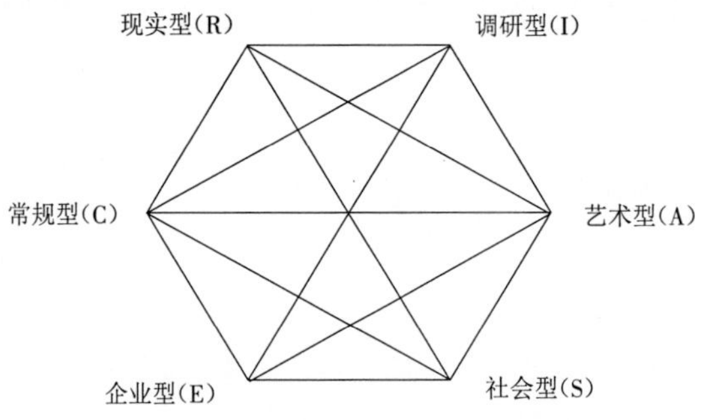

图7-1 霍兰德职业性向匹配模型

(二)沙因的职业锚理论

职业锚理论是由职业生涯规划领域具有“教父”级地位的美国麻省理工学院斯隆管理学院教授、哈佛大学社会心理学博士埃德加H.沙因最早在《职业锚:发现你的真正价值》中提出来的。沙因教授通过面谈、跟踪调查、公司调查、人才测评、问卷等多种方式对斯隆管理学院的44名MBA毕业生进行了12年的职业生涯研究,经过分析总结,提出了职业锚理论。

所谓职业锚是职业生涯主线或主导价值取向,也就是当一个人不得不做出选择的时候,无论如何都不会放弃的原则性的东西,是人们职业选择和发展所围绕的中心。职业锚是个人经过持续不断地探索确定的长期职业定位。一个人的职业锚由三个组成部分:自己认识到的才干和能力、自我动机和需要、态度和价值观。

沙因将职业锚分为八类,分别是技术/职能型职业锚、管理型职业锚、自主/独立型职业锚、安全/稳定型职业锚、创造/创业型职业锚、服务/奉献型职业锚、挑战型职业锚、生活型职业锚。

1.技术/职能型职业锚

拥有技术/职能型职业锚的人希望过着“专家式”的生活。他们工作的动机来自有机会实践自己的技术才能,并乐于享受作为某方面专家带来的满足感。拥有这种职业锚的人从事的是在某一个专门领域中富有一定挑战性的工作。在薪酬补贴方面,这类人更看重外在平等,他们希望组织能够按照受教育背景和工作经验确定技术等级并得到相应报酬,他的同行中具有同等技术水平者的收入是他们的参照系。他们惧怕公司提供给他们类似股票收益的“金手铐”,因为金手铐意味着他们很可能陷入一份缺乏挑战的工作。在晋升方面,这类人更看重技术或专业水平,而不是职位的晋升。对他们,往往不需要用等级晋升来激励,而应该考虑通过加大工作范围,给予更多的资源和更大的责任,更多的经费、技术、下属等支持,或通过委员会和专家组等方式参与高层决策。对他们的认可有三种:一是他们看中的是同行专业人士的认可,而不是管理者的表扬。在他们眼里,管理者不可能真正理解他们的工作价值,哪怕来自了解工作过程和工作成果的下属的认可,也会比管理者的认可更让他们感到欣慰。二是获得专业领域继续学习和发展的机会。他们惧怕落伍,接受培训的机会、组织赞助的休假、鼓励参加专业性会议、提供购买资料和设备的经费等方式,对他们而言都是非常有价值的认可。三是作为专家被接纳为其他团体和组织的成员,以及来自社会的或者专业团体的奖励,都是他们喜欢的认可方式。

2. 管理型职业锚

拥有管理型职业锚的人具有成为管理人员的强烈愿望,并将此看成职业进步的标准。他们把专业看作陷阱,当然,这不等于他们不明白掌握专业领域知识的必要性,不过,他们更认可组织领导的重要性,掌握专业技术不过是通向管理岗位的阶梯。与专家职业锚相比,管理职业锚更喜欢不确定性的挑战,而专家职业锚要千方百计消除不确定性。他们从事的是综合性的领导工作,对组织成功越重要的工作,对他们越有吸引力。这种人对薪酬补贴的态度不同于技术/职能型职业锚的人,他们倾向于纵向比较,只要他们的工资在整个组织中比他们的下属高,他们就满足了,他们不会横向比较同行的工作。他们对组织中的"金手铐"很热衷,股票期权等代表所有者和股东权益的奖励方式对他们来说非常具有吸引力。他们的工作晋升基于个人的贡献、可量化的绩效和工作成就,他们认为达到目标的能力才是关键的晋升标准。对他们来说,最好的认可方式是提升到具有更大管理责任的职位上。他们希望得到上级主管的认可,同样,金钱形式的认可对他们来说也是重要的,他们喜欢加薪、奖励、股票期权,喜欢头衔和地位象征物(大办公室、象征地位的小车、某种特权等)。

3. 自主/独立型职业锚

自主/独立型职业锚的人追求自主和独立,不愿意接受别人的约束,也不愿意受程序、工作时间、着装方式以及在任何组织中都不可避免的标准规范的制约。即使面对职业选择时,他们也会为了保住自主权而权衡工作的利弊。他们注重培养自力更生、对自己高度负责的态度。他们倾向于专业领域内职责描述清晰、时间明确的工作。他们可以接受组织强加的目标,但希望独立完成工作。他们多会选择不受公司约束的咨询服务和培训工作;即便在公司里,他们也会倾向于选择独立性较强的部门或者岗位。他们最明显的特点是,不能忍受别人的指指点点,也不愿接受规范性约束。这种人喜欢的薪酬补贴方式是便捷的自选式收益,不在乎与别人的比较,倾向于接受基于工作绩效并能即时付清的工资和奖金。他们惧怕"金手铐"的约束。他们期望的工作晋升是那种能够获得更多自主的方式,任命他们更高职务而减少自主权,反而会让他们感到窝火或者憋气。对他们的认可方式是直接的表扬或认可,勋章、证书、推荐信、奖品等奖励方式,对他们比晋升、加衔、金钱更有吸引力。

4.安全/稳定型职业锚

安全/稳定型职业锚的人选择职业最基本、最重要的需求是安全与稳定。通常,只要有条件,他们就会选择提供终身雇用、从不辞退员工、有良好退休金计划和福利体系、看上去强大可靠的公司,他们喜欢组织的"金手铐",希望自己的职业跟随组织的发展而发展。只要获得了安全感,他们就会有满足感。相比工作本身,他们更看重工作内容。他们愿意从事安全、稳定、可预见的工作。所以,政府机关和类似单位,以及能够提供终身职务的大学,是他们的首选。这种人适合直接加薪、改善收益状况的激励方式。对于薪酬补贴,只要按部就班、有基于工作年限、可预见的稳定增长就可以。他们喜欢基于过去资历的晋升方式,乐于见到明确晋升周期的公开等级系统。他们希望组织能够认可他们的忠诚,而且相信忠诚可以给组织带来绩效。

5.创造/创业型职业锚

对于创造/创业型职业锚的人来说,最重要的是建立或设计某种完全属于自己的东西。他们有强烈的冲动向别人证明这一点,这种人通过自己的努力创建新的企业、产品或服务,以企业或者产品打上自己的名号而自豪。当在经济上获得成功后,赚钱便成为他们衡量成功的标准。这种类型就是从萨伊到熊彼特再到明茨伯格所说的企业家角色。自主/独立型职业锚的人也会发展自己的生意,也要创业,但是他们发展自己的生意是源于表现和扩大自主性的需要,而创造/创业型职业锚的人在创业的初期阶段,会毫不犹豫地牺牲自己的自由和稳定以达到生意的成功。他们的工作类型在于不断地接受新挑战,不断创新。他们着迷于实现创造的需求,容易对过去的事情感到厌烦。在薪酬补贴方面,他们看中的是所有权,通常他们并不为自己支付很多工资,但是他们会控制自己公司的股票,如果他们开发出新产品,他们会希望拥有专利权。对于工作晋升,他们希望职业能够允许他们去做自己想做的事,有一定的权利和自由去扮演满足自己不断进行创新变化需求的任何角色。创造财富、创建企业、开发事业,就是对他们的认可方式。他们积累财富,只是用来向他人展示和证明自己的成功。

6.服务/奉献型职业锚

服务/奉献型职业锚的人希望能够体现个人价值观,他们关注工作带来的价值,而不在意是否能发挥自己的能力。他们希望能够以自己的价值观影响雇用他们的组织或社会,只要显示出世界因为他们的努力而更美好,就实现了他们的价值。这种人的供职机构既有志愿者组织和各种公共组织,也有顾客导向的企业组织。至于薪酬补贴,他们希望得到基于贡献的、公平的、方式简单的薪酬。钱并不是他们追求的根本,对于他们,晋升和激励不在于钱,而在于认可他们的贡献,给他们更多的权力和自由来体现自己的价值。他们需要得到来自同事以及上司的认可和支持,并与他们共享自己的核心价值。

7.挑战型职业锚

挑战型职业锚的人认为他们可以征服任何事情或任何人,在他们眼里,成功就是“克服不可能超越的障碍,解决不可能解决的问题,战胜更为强硬的对手”。所谓“更高、更快、更强”最对这种人的胃口。他们的挑战领域不局限于某一方面,而是所有可以挑战的领域。前面各种类型的职业锚也存在挑战,但那种挑战是有领域有边界的。而挑战型职业锚是不断挑战自我,呼唤自己去解决一个比一个困难的任务。对于他们来说,挑战自我、超越自我的机会比工作领域、受雇的公司、薪酬体系、晋升体系、认可方式都重要。如果他们缺乏挑战机会,就失去了工作的动力。这种人会看不起与他价值观不同的人,并不断给阻碍他挑战的人制造麻烦。这种人为竞争而生,没有竞争的世界会使他们失望。

8.生活型职业锚

生活型职业锚的人不追求事业的成功,而是需要寻求合适的方式整合职业的需要、家庭的需要和个人的需要。所以,他们最看重弹性和灵活性。他们会为了工作的弹性和灵活性选择职业,这些选择包括在家庭条件允许的情况下出差,在生活需要的时候非全职工作,在家办公等。

沙因认为,他概括出的这八种职业锚已经可以涵盖绝大部分人的事业追求。一个人只能拥有一种职业锚。个人的内心渴望和追求可能是多种多样的,但总会有一个才能、动机和价值观的组合排序,职业锚就处于这种组合排序中最优先的位置。如果一个人的职业锚不清晰,只能说是由于他不具备足够的社会生活经验来判断他最需要什么。必须注意的是,人的工作职业、岗位可以多次变化转换，但是，职业锚是稳定不变的，这由沙因的调查资料可以证实。由于组织职位设计的原因，相当多的人从事的职业很难与职业锚实现完全匹配，这时，个人的潜能就难以充分发挥。不匹配的程度越高，个人能力发挥的余地就越小，工作中得到的愉悦就越少，这不等于个人不努力，恰恰相反，他有可能付出了更大的努力。

在现代社会，个人与组织的发展并不矛盾，作为个人，需要不断地进行自我探索，确认自己的职业锚，并将自己的认识与组织进行沟通。尽管实现职业锚与职业匹配的责任在组织，但别指望组织能充分了解个人的内心隐秘。作为组织，需要建立起灵活的职业发展路径，多样化的激励体系和薪酬体系，以满足同一工作领域中不同职业锚的需求。组织管理者也要清楚，即便是同一性质的岗位，也可能会有不同的职业锚停泊。例如，同样是产品研发岗位，可能会有技术型、管理型、创造型、挑战型等职业锚的完全匹配。单个企业，由于业务、规模、技术等限制，不可能实现职业锚的完全匹配，这就需要政府和公共组织充当减压阀和缓冲器，提供寻找更好匹配的通道。职业锚的本质，是实现个人与组织的相得益彰，化解个人与组织的冲突，把达成组织目标和自我实现融为一体。

二、职业发展理论

（一）萨帕的职业生涯阶段理论

唐纳德·萨帕（Donald Super）是美国职业生涯研究领域的一位里程碑式的大师，他提出了职业发展理论，这一理论得到大多数职业生涯研究学者的认可，成为职业生涯研究领域的重要理论。他的职业发展理论，是围绕着职业生涯不同时期而进行的，萨帕将职业发展时期分为五个不同的阶段。

1. 成长阶段（0—14 岁）

成长阶段属于认知阶段，个人在这一阶段，自我概念发展成熟起来。初期时，个人欲望和空想起支配作用，其后对社会现实产生注意和兴趣，个人的能力与趣味则是次要的。成长阶段又可分为空想期、兴趣期和能力期三个小的阶段。空想期主要是儿童时期，这时职业的概念尚未形成，对于职业只是根据周围人的职业情况和一些故事中的人物，空想将来要做某某职业；兴趣期主要是小学阶段，对于职业主要依据个人的兴趣，并不考虑自身的能力和社会的需要，带有理想主义色彩；能力期主要是进入了初中阶段，对于职业不仅仅从兴趣出发，同时注意到能力在职业生涯中的重要性，开始注重培养自己某方面的能力，以便为将来的职业做准备。

2. 探索阶段（15—24岁）

探索阶段属于学习打基础阶段，个人在学校生活与闲暇活动中研究自我，并进行职业上的探索，对自己的能力和天资进行现实性评价，并根据未来职业选择作出相应的教育决策，完成择业及最初就业。探索阶段是人生道路上非常重要的转变时期，它可以分为试验期、过渡期和试行期。试验期从15岁至17岁，这一时期个人在空想、议论和学业中开始全面考虑欲望、兴趣、能力、价值观、雇用机会等，做出暂时性的选择；过渡期从18岁到21岁，这是个人接受专门教育训练和进入劳动力市场开始正式选择的时期，这时个人着重考虑现实，在现实和环境中寻求“自我”的实现；试行期从22岁到24岁，这个时期进入自己的职业，并想把它当作终生职业。

3. 确立阶段（25—44岁）

确立阶段属于选择和安置阶段，进入职业以后的人发现真正适合于自己的领域，并努力试图使其成为自己的永久职业并谋求发展，这一阶段一般是大多数人职业生涯周期的核心部分。这一阶段又可分为尝试期和稳定期。尝试期是确立阶段的初期，有些人在岗位上“试验”，若不合适就改为其他职业。目前很多大学生刚工作就不断地“跳槽”，就是他们在不断地“尝试”、寻找自己最合适的职业；稳定期是经过工作岗位上的“试验”，人们最终找到适合自己的岗位，以后人们就在某种职业岗位上稳定下来，并致力于实现职业目标，是富有创造性的时期。

4. 维持阶段（45—64岁）

维持阶段属于升迁阶段。在这一阶段个体长时间在某一职业工作，在该领域已有一席之地，一般达到常言所说的“功成名就”的境地，已不再考虑变换职业，只力求保住这一位置，维持已取得的成就和社会地位，重点是维持家庭和工作的和谐关系，传承工作经验，寻求接替人选。

5. 衰退阶段（65岁以上）

衰退阶段属于退休阶段。由于健康状况和工作能力逐步衰退，即将退出工作领域结束职业生涯。因此，这一阶段要学会接受权力和责任的减少，学习接受一种新的角色，适应退休后的生活，以减缓身心的衰退，维持生命力。

萨柏以年龄为依据，对职业生涯阶段进行了划分，但现实中职业生涯是个持续的过程，各阶段的时间并没有明确的界限，其经历时间的长短常因个人条件的差异及外在环境的不同而有所不同，有长有短，有快有慢，有时还可能出现反复。

（二）施恩的职业生涯阶段理论

美国著名的心理学家和职业管理学家施恩教授，根据人生命周期的特点及其在不同年龄阶段面临的问题和职业工作主要任务，将职业生涯分为九个阶段（见表7-4）。

表7-4　施恩职业生涯九阶段理论

阶段	角色	主要任务
成长和幻想探索阶段（0—21岁）	学生 职业工作者的候选人和申请者	发展和发现自己的需要、兴趣、能力和才干，为进行实际的职业选择打好基础；学习职业方面的知识，寻找现实的角色模式，获取丰富信息，发展和发现自己的价值观、动机和抱负，作出合理的受教育决策，将幼年的职业幻想变为可操作的现实；接受教育和培训，开发工作领域中所需要的基本习惯和技能
进入工作世界（16—25岁）	应聘者 新学员	进入职业生涯，学会寻找、评估、申请选择一项工作；个人和雇主之间达成正式可行的契约，个人成为一个组织或一种职业的成员
基础培训（16—25岁）	实习生 新手	了解、熟悉组织，接受组织文化，融入工作群体，学会与人相处；适应日常的操作程序，承担工作，尽快取得组织成员资格
早期职业的正式成员资格（17—30岁）	取得组织正式成员资格	承担责任，成功地完成工作分配有关的任务；发展和展示自己的技能和专长，为提升或进入其他领域的横向职业成长打基础；根据自身才干和价值观，根据组织中的机会和约束，重估当初追求的职业，决定是否留在这个组织或职业中，或者在自己的需要、组织约束和机会之间寻找一种更好的平衡
职业中期（25岁以上）	正式成员 终身成员 管理者	选定一项专业或进入管理部门；保持技术竞争力，在自己选择的专业或管理领域内继续学习，力争成为一名专家或职业能手；承担较大责任，确立自己的地位，开发个人的长期职业计划
职业中期 危险阶段（35—45岁）	正式成员 终生成员 管理者	现实地评估自己的进步、职业抱负及个人前途；就接受现状或者争取看得见的前途做出具体选择；建立与他人的良好关系

续表

阶段	角色	主要任务
职业后期(40岁到退休)	骨干成员 管理者 贡献者	成为一名良师,学会发挥影响,指导、指挥别人,对他人承担责任;扩大、发展、深化技能、提高才干,以担负更大范围更重大的责任;职业生涯如果停滞,则要接受和正视自己影响力和挑战能力的下降
衰退和离职阶段(40岁到退休)		学会接受权力、责任、地位的下降;面对竞争力和进取心下降,要学会接受和发展新的角色;评估自己的职业生涯,着手退休
退休		保持一种认同感,适应角色、生活方式和生活标准的急剧变化;保持一种自我价值观,运用自己积累的经验和智慧,以各种资源角色,对他人进行传帮带

需要指出的是,施恩虽然基本依照年龄增大顺序划分职业发展阶段,但并未囿于此,其阶段划分更多地根据职业状态、任务、职业行为的重要性。正如施恩教授划分职业周期阶段是依据职业状态、职业行为和发展过程的重要性,又因为每人经历某一职业阶段的年龄有别,所以,他只给出了大致的年龄跨度。

第三节 组织的职业生涯管理

一、职业生涯发展通道设计

职业生涯发展通道是指组织为内部员工设计的自我认知、成长和晋升的管理方案。职业生涯发展通道设计通过帮助员工胜任工作,确立组织内晋升的不同条件和程序对员工职业发展施加影响,使员工的职业目标和计划有利于满足组织的需要。职业生涯发展通道设计指明了组织内员工可能的发展方向及发展机会,组织内每一个员工都可能沿着本组织的发展路径晋升工作岗位。良好的职业生涯通道设计,一方面要让员工明白自己的努力方向和目标,有利于组织吸收并留住最优秀的员工;另一方面要能激发员工的工作兴趣,挖掘员工的工作潜能。因此,职业路径的设计对组织来说十分重要。这里主要介绍四种职业生涯发展通道:单一职业发展通道、双重职业发展通道、横向职业发展通道、网状职业发展通道。

（一）单一职业发展通道

单一职业发展通道是传统的职业通道模式。即从一个特定的工作到下一个工作纵向向上发展的路径。员工按照逐级上升的方式，从一个岗位向上一级岗位变动。这种模式的优点是员工清晰地可以看到职业发展序列。但这种单一通道最明显的缺陷是只侧重于管理类发展，而中、高级专业技术人员却没有相应发展路径，这样高级专业技术人员则会因缺少发展路径而离开组织，发生人才流失，或者专业技术人员被提升到管理岗位，因为能力和岗位不适应而造成人才浪费。

（二）双重职业发展通道

双重职业发展通道是指在组织行政职务阶梯之外，为专业技术人员设置的一个平行的、与行政职务同等重要的，有序的、开放的业务或技术能力阶梯，并且这个能力阶梯与待遇挂钩。在双重职业发展通道中，管理人员使用行政职务阶梯，专业技术人员使用业务或技术能力阶梯。行政职务阶梯上的提升，意味着具有更多制定决策的权力，同时要承担更多的责任。业务或技术能力阶梯上的提升，意味着具有更强的独立性，同时拥有更多从事专业活动的资源。这种双重职业发展通道的设计，赋予了个人不同的责、权、利，有利于调动管理人员和专业技术人员的积极性，实现各尽其能，各展其长，是一种非常适合组织使用的职业发展通道模式。

（三）横向职业发展通道

横向职业发展通道是为拓宽职业生涯通道，满足人们不同的职业需求，消除因缺少晋升机会造成的停滞现象而设计的。横向职业发展通道的设立能够使人们焕发新的活力，迎接新的挑战，同时也有利于员工开阔视野，获得在各种岗位上工作的经验和资历。这种横向流动不仅有利于激发个人的工作热情和积累工作经验，也有利于保持和发展整个组织的朝气与活力，实现组织内部稳定与流动、维持与发展的平衡，虽然只是横向发展，并没有得到加薪或晋升，但员工可以增加自己对组织的价值自信，与此同时也使他们自己获得了新生。

（四）网状职业发展通道

网状职业发展通道包括纵向的工作序列和一系列横向的工作机会。

这条职业通道对于某些层次的经验的可替换性予以认同，同时认为，晋升到较高层次之前需要拓宽本层次的经历。网状职业发展通道在纵向上和横向上的选择，拓宽了人们的职业通道，减少了职业通道的堵塞。比起传统职业发展通道，网状职业发展通道更加现实，它拓宽了组织成员在组织中的发展机会。这种灵活的职业发展路径设计，能够给员工和组织带来巨大的便利。对员工来说，这种职业发展设计为他们带来了更多的职业发展机会，也便于员工找到真正适合自己的工作，找到与自己兴趣相符的工作，实现自己的职业目标。对组织来讲，这种职业发展设计增加了组织的应变性，当组织战略发生转移或组织环境发生变化时，通过这种职业发展设计能够顺利实现人员转岗安排，保持整个组织的稳定性。①

二、分阶段的职业生涯管理

职业生涯管理是一种长期的、动态的管理过程，贯穿员工职业生涯发展的全过程。每一位员工在职业生涯的不同阶段，其发展特征、发展任务都不相同。每一阶段都有各自的目标、特点和发展重点。另外，由于决定职业生涯的主客观条件的变化，员工的职业生涯规划和发展也会发生相应的变化，对每一个职业生涯发展阶段的管理也应有所不同。

（一）职业生涯早期管理

1.员工在职业生涯早期阶段的特点

职业生涯早期阶段指的是一个人由学校走向社会，由学生变成雇员，并为组织所接纳的过程，这一角色和身份的变化，需要经历一个适应过程。在职业生涯早期阶段，员工个人年龄正值青年时期，一般还没有建立自己的小家庭，精力充沛，有足够的精力来应对工作中可能出现的困难，初次进入职场进取心强，具有积极向上的良好心态。但由于年轻气盛，难免表现出浮躁和冲动，很可能导致不和谐的人际关系。员工尚为职场新手，缺乏工作经验，需要逐步适应环境和人际交往方式，一切还在学习和探索之后，对自己的职业锚的选择会犹豫不决和易于变动。

2.企业对员工职业生涯早期阶段的管理

首先，员工在准备进入企业的时候，企业应实事求是和充分地介绍组

---

①李继红，王振荣，刘金辉．知识经济时代下的人力资源管理研究[M]．北京：中国商务出版社，2023.

织信息，使求职者有清晰和正确的认识，提高潜在应聘者尽快适应企业和长期留在企业的比率；其次，在甄选员工时采用科学的方法对员工的兴趣、技能、价值观、潜力等进行综合评估，力求在这一阶段为空缺职位找到最合适的人选，即人适其岗，这对于一个新员工未来的职业发展非常关键；再次，为员工提供系统的入职培训，入职培训的内容包括对未来工作流程的学习、企业文化的宣传、规章制度的了解、职业发展的情况介绍等，通过入职培训让新员工尽快地熟悉和适应企业，减少对环境不适应带来的负面影响；最后，员工工作一段时间后，会面临许多困惑，如工作没有方向、不被领导认可、人际关系不够融洽等，组织应积极给予新员工帮助，如选派一位老员工担任其导师并向新员工提供指导和训练，鼓励员工更多地参与企业的事务争取上级信任，帮助员工改善人际沟通的技能等。

（二）职业生涯中期管理

1. 员工在职业生涯中期阶段的特点

经历了职业生涯早期阶段，完成了组织和雇员的相互接纳后，就要进入职业生涯的中期阶段了。职业生涯中期阶段员工积累了一定的经验，能够独立承担和开展工作，开始走向职业发展的顶峰，职业发展也呈复杂化和多元化的特征，既要力争在自己的专业领域保持领先水平，以自己积累的经验和丰富的知识获取更高的组织地位和更多的报酬，又要面对职业生涯中期的危机。同时，家庭的负担也会在这个阶段显现出来，如何平衡工作家庭也成为这个阶段的员工所面临的一项挑战。

2. 企业对员工职业生涯中期阶段的管理

首先，企业应促进员工的职业向顶峰发展，可以针对员工个人的不同情况，分类指导和积极采用各种措施，促进职业发展，如为员工设计多种职业通道，提供继续教育和培训机会等；其次，扩大现有的工作内容和进行职业轮换，当员工在纵向的职业发展上遇到瓶颈时，可以适当拓宽员工的发展领域，让其从事其他职能领域的工作，让员工的工作增加挑战性或承担更大的责任，帮助员工找到工作兴趣和新的发展机会；最后，职业中期员工的人生感情复杂化，可能引发职业中期危机，员工需要重新审视自己的人生理想和现实的差距，考虑接受现实和争取看得见的前途等。企业应通过与员工的沟通，帮助员工解决实际问题，激励员工继续前进，使员工顺利度过职业中期的危机。

(三)职业生涯后期管理

1. 员工在职业生涯后期阶段的特点

职业生涯后期阶段的员工有丰富的工作经验、娴熟的工作技能和人生阅历,但面临知识技能老化,职业工作能力和竞争力明显下降,对新生事物的敏感性下降,态度趋于保守,喜欢根据已有经验办事和思考问题。在组织中的角色也明显发生变化,权力和责任渐渐削弱,其核心骨干的中心位置和作用逐步丧失。

2. 员工在职业生涯后期阶段的特点

首先,鼓励具有经验和技能优势的老员工多做“传、帮、带”工作,继续在组织内部发挥导师和顾问的作用,同时安排组织需要的管理专家和技术权威到相应的重要岗位上,让其发挥一技之长;其次,有计划地安排好人员的退休工作,尽早选拔和培养岗位接替人员,做好新老接替工作,以确保企业的正常运行;最后,对退休员工要更多地关心和照顾,很多员工无法接受自己即将退休的现实,在心理上会产生冲击和失落感,企业可以适时开展座谈会,进行深入的沟通交流,了解员工的想法,有针对性地做好思想工作。

三、职业生涯管理的开展步骤

企业有关职业生涯管理的思路和规划必须通过实际的操作才能落到实处,而这种实际的操作层面就需要依靠组织一系列的人力资源实务来作为沟通规划和现实的桥梁。具体而言,良好、顺畅的职业生涯管理体系需要以下几个方面的工作作为支撑:基础详细的职位分析,员工素质测评,建立与职业生涯管理相配套的培训与开发体系,制订完备的人力资源规划,制定完整、有序的职业生涯管理制度与方法等。

(一)详细的工作分析

工作分析对各个职位的工作内容和任职资格都作出了明确的规定和要求,依据这些信息,企业一方面可以安排员工到与他相适应的岗位上工作,同时为其安排后续的职业发展路径;另一方面也可以结合员工未来的发展规划,为员工的培训与开发提供根据。与职业生涯管理相匹配的工作分析,应包括员工的基本资料、工作描述和工作规范三个部分内容。

基本资料:工作编号、工作名称、工作类别、所属单位、直接上级、定员人数、管辖人员数、工资等级、工资水平、直接升迁的职务、可相互转换的岗位、由什么岗位升迁至此、其他可担任的岗位。

工作描述:将各岗位的工作细分成条目,输入每个条目的编号、工作内容、基本功能和工作基准。其中,工作基准的确定是一项至关重要的工作。工作基准确定的基本原则是按优、良、中、差四个等级对岗位的每项工作作出明确的界定,尽可能采用量化指标。

工作规范:最低学历、最低职称、适应年龄、适应性别、适应身高、适应体质、所需的专业训练、所需的上岗证书、所需的经验要求、所需的培训要求、适应性格、职业兴趣要求、智力要求、工作行为要求、气质要求、一般职业能力要求、特殊职业能力要求、领导类型、管理能力要求。

(二)员工基本素质测评

通过对员工进行素质测评,了解并记录员工的个性特点、智力水平、管理能力、职业兴趣、领导类型等各方面的信息,全面了解员工的长处和短处、优势和劣势,以便做好人岗的匹配,实现职业发展路径的科学合理。员工素质测评可以使用以下工具。

管理能力测评:应用情景模拟方法中的公文处理技术对每个管理人员或应聘人员的管理能力进行测评。

智力测验:测验人的逻辑推理、言语理解、数字计算等方面的基本能力。

卡特尔人格测验:测验人的内向或外向、聪明或迟钝、激进或保守、负责或敷衍、冒险敢为或胆小畏缩、情绪激动或情绪稳定等方面的个性特征。

职业兴趣测验:职业兴趣分为现实型、企业型、研究型、社会型、艺术型、常规型六种。通过对人的职业兴趣的测验,有助于被试者选择适当的工作。

气质测验:人的气质分为四种类型:胆汁质、多血质、黏液质、抑郁质。对人气质的测验,有助于帮助被试者选择较适合的工作,有助于管理人员对被试者的了解。

一般能力倾向测验:测验人的图形识别、空间想象、计算的速度与准确性、言语理解、词语组合等方面的能力倾向性。

A型行为与B型行为测量:A型行为的人对自己要求较高,经常制订超出自己实际能力的计划,完不成计划又很焦虑。B型行为的人随遇而安,不强迫自己紧张工作。

LPC 领导测评：对每个管理人员或应聘人员的领导类型进行测评，确定其是否适合在当前职务上工作，哪些职务适合其进行工作，如何提高管理水平等。

（三）建立职业生涯相配套的培训与开发体系

在公司原有培训管理的基础上，根据对员工基本素质测评和职务分析的结果，找出员工在管理能力、智力、个性、领导类型等方面与本职工作所存在的差距，以及今后职业发展道路上会面临的问题，有针对性地拟订员工培训与开发方案，帮助他们尽快成长，以适应本职工作和今后职业发展的需要。依照绩效考核的结果，发现员工在工作中存在的问题，有针对性地拟订员工培训与开发方案，以适应本职工作和今后职业发展的需要。通过培训，进一步发现员工的潜在能力与特长，为其职业生涯的规划打下良好的基础。

（四）制订较完备的人力资源规划

企业的人力资源规划包括总体规划和业务规划，其中业务规划包括人员补充计划、人员配置计划、人员接替和提升计划、人员培训与开发计划、退休解聘计划等内容。这些内容都与员工在组织内的职业发展历程息息相关，直接影响着员工的职业发展。企业的人力资源规划应该与职业生涯管理一脉相传，两者之间要保持一致，以这些规划作为原则和指导，并将其落实到每位员工的身上，构建起一套相互衔接的人力资源规划和职业生涯管理体系。

（五）制定完整、有序的职业生涯管理制度与方法

没有规矩不成方圆，企业的晋升、调动更是如此。为了保证企业的有序运作和内部的公平性，企业必须制定完整、有序的职业生涯管理制度与方法。任何员工的升迁、调动等行为都要在制度的框架内运作，保证制度的权威性。在这方面，组织应该做到以下几点：一是制定完备的员工职业生涯管理制度和管理规划，并且让员工充分了解单位的企业文化、经营理念和管理制度等；二是通过各种方式让员工了解内部劳动力市场信息，如网上公布职位空缺信息，介绍职业阶梯或职业通道，建立职业资源中心等；三是提供丰富的内部晋升渠道帮助员工实现职业的发展，如建立内部竞聘制度。

第八章 劳动关系管理

第一节 劳动关系管理概述

一、劳动关系概述

（一）劳动关系概念

劳动关系是指劳动者与劳动力使用者以及相关组织为实现劳动过程所构成的社会经济关系。在不同国家或不同体制下，劳动关系又被称为“劳资关系”“劳工关系”“劳雇关系”“雇用关系”“员工关系”“产业关系”等。作为劳动者和劳动力雇用者之间的社会经济关系的表述，劳动关系是一个最为广泛和适应性最强的概念。

（二）劳动关系的特点

1. 劳动关系是经济利益关系

雇员付出劳动从雇主那里换取报酬及福利才能维持生活。因此，工资和福利就成为连接雇主与雇员的基本经济纽带，这就形成了雇员与雇主之间的经济利益关系。如果缺乏这种经济利益上的联系，劳动关系就不存在，因而经济利益也就成为雇员与雇主最主要的联系，也是雇员与雇主之间合作与冲突的最主要原因。

2. 劳动关系是一种劳动力与生产资料的结合关系

因为从劳动关系的主体上说，当事人一方为劳动力所有者和支出者，称为雇员（或劳动者）；另一方为生产资料所有者和劳动力使用者，称为雇主（或用人单位）。劳动关系的本质是强调用人单位需要将劳动者提供的劳动力作为一种生产要素纳入其生产过程，与生产资料相结合。

3. 劳动关系是一种具有显著从属性的人身关系

虽然双方的劳动关系是建立在平等自愿、协商一致的基础上，但劳动关系建立后，双方在职责、管理上则具有了从属关系。用人单位要安排劳动者在组织内和生产资料相结合；而劳动者则要通过运用劳动能力，完成用人单位交给的各项生产任务，并遵守单位内部的规章制度，接受用人单位的管理和监督。劳动者在整个劳动过程中无论是在经济上，还是在人身上都从属于雇主。

4.劳动关系具有社会关系的性质

劳动关系不仅是一种纯粹的经济关系，它更多地渗透到非经济的社会、政治和文化关系中。在劳动关系中，劳动者在追求经济利益的同时，也寻求其他方面的利益，如荣誉、周围人们的尊敬、归属感、成就感等。所以，工作不仅是劳动者赖以生存的基础，工作场所也是满足劳动者以上需要的场所。这就要求雇主在满足劳动者经济需要的同时，还要关注劳动者的社会需求。①

（三）劳动关系和劳务关系的区别

劳动关系的法律特征使其与劳务关系区分开，这两者是实践中最容易混淆的概念。劳务关系是平等主体的公民、法人、其他组织之间，以提供劳务和支付报酬为主要内容的民事关系。两者的区别主要体现在以下三个方面。

第一，主体不同。劳动关系的主体是确定的，即一方是用人单位，另一方必然是劳动者。而劳务关系的主体是不确定的，可能是两个平等主体，也可能是两个以上的平等主体；可能是法人之间的关系，也可能是自然人之间的关系，还可能是法人与自然人之间的关系。

第二，关系不同。劳动关系两个主体之间不仅存在财产关系即经济关系，还存在着人身关系，即行政隶属关系。也就是说，劳动者除提供劳动之外，还要接受用人单位的管理，服从其安排，遵守其规章制度等。劳动关系双方当事人，虽然法律地位是平等的，但实际生活中的地位是不平等的。这就是我们常说的用人单位是强者，劳动者是弱者。而劳务关系两个主体之间只存在财产关系，或者说是经济关系。即劳动者提供劳务服务，用人单位支付劳务报酬。

第三，待遇不同。劳动关系注重劳动过程，报酬以工资的形式定期支付，在支付形式、期限、最低标准方面受法律规定的限制；劳务关系注重提

①吴艳华.企业管理与人力资源建设研究[M].北京：中国商务出版社，2023.

供劳务的结果，报酬的数额由双方约定。

二、劳动关系的构成主体

劳动关系的主体是指劳动关系中相关各方。从狭义上讲，劳动关系的主体包括两方：一方是雇员和以工会为主要形式的雇员团体；另一方是雇主及雇主组织。从广义上讲，除了雇员或雇员团体和雇主外，政府通过立法介入和影响劳动关系，政府也是广义劳动关系的主体之一。

（一）雇员

劳动关系中的雇员是指具有劳动权利能力和行为能力，由雇主雇用并在其管理下从事劳动以获取工资收入的法定范围的劳动者。一般具有以下特征：雇员是被雇主雇用的人，不包括自由职业者和自雇用者；雇员要服从雇主的管理；雇员以工资为劳动收入。

（二）雇员团体

在劳动关系中，员工和雇主地位之间的差距是造成劳资冲突的根本原因。为了能够与雇主相抗衡，员工组织了自己的团体来代表全体员工的共同利益。雇员团体包括工会和类似工会的雇员协会与职业协会。

韦伯夫妇早在1894年就通过对当时英国工会的研究，提出了工会具有互助保险、集体谈判和参与法律制定等功能。工会一般能够组织起来与雇主谈判，以便能够改变工人个人与雇主谈判的不利地位。工会的主要目标就是通过集体协商和集体谈判等方式，增强工人与雇主谈判时的力量，改善工人的工作条件、劳动报酬及其他待遇。

在许多国家，工会是雇员团体的主要组织形式。工会的组织原则是对员工招募不加任何限制，既不考虑职业因素，也不考虑行业因素。工会是以维护和改善员工的劳动条件、提高员工的经济地位、保障员工利益为主要目的。早期工业化时代，政府对工会采取禁止、限制的态度，雇主对工会采取强烈抵制的态度，工会更多地被当作工人进行斗争的工具。随着对工会角色职能认识的不断深入，雇主不再把工会的存在当作对管理权的挑战。而是理性地看待工会，期望通过与工会的合作来改善劳资关系，提高企业的竞争力；政府不断出台法律法规来协调劳动关系，工会日趋完善。

（三）雇主

雇主也称雇用者、用人单位、用工方、投资方、管理方，是指在一个组织中，使用雇员进行有组织、有目的的活动，并向雇员支付工资报酬的法人或自然人。各个国家由于国情的不同，对雇主范围的界定也不一样。例如在德国，就把至少雇用一名雇员的人称为雇主；而在挪威，把雇用单位及雇用单位的行政领导人作为雇主；在伊拉克，雇主范围仅限于私营部门。美国的情况更为复杂，在不同的法规中所界定的雇主范围也不尽相同。在我国，使用得更多的是“用人单位”这一中性概念。

（四）雇主组织

雇主组织是由雇主依法组成的组织，其目的是通过一定的组织形式，将单个雇主联合起来形成一种群体力量，在产业和社会层面通过这种群体优势同工会组织进行协商和谈判，最终促进并维护每个雇主成员的利益。雇主组织通常有以下三种类型：行业协会、地区协会和国家级雇主联合会。在我国，像中国企业联合会、中国企业家协会、各种总商会、全国工商联合会和中国民营企业家协会等，都是雇主组织。雇主组织的主要作用是维护雇主利益，主要从事的活动有以下四种：①雇主组织直接与工会进行集体谈判；②当劳资双方对集体协议的解释出现分歧或矛盾时，雇主组织可以采取调解和仲裁的方式来解决；③雇主组织有义务为会员组织提供有关处理劳动关系的一般性建议，为企业的招聘、培训、绩效考核、安全、解雇等提供咨询；④雇主组织代表和维护会员的利益和意见。

（五）政府

政府在劳动关系中扮演着重要的角色，发挥着越来越重要的作用。政府在劳动关系中主要扮演四种角色：①劳动关系立法的制定者，通过出台法律法规来调整劳动关系，保护雇员的利益；②公共利益的维护者，通过监督、干预等手段促进劳动关系的协调发展，切实保障有关劳动关系的法律法规的执行；③国家公共部门的雇主，以雇主身份直接参与和影响劳动关系；④有效服务的提供者，为劳资双方提供信息服务和指导。

（六）国际劳工组织、国际雇主组织与国际经贸组织

全球化是当代劳动关系不得不面对的现实，任何国家的劳工问题都不得不考虑其国际背景和国际影响。因此，任何一个国家的劳动法律、政策和实践，在某种程度上都要受到来自有关国际组织和国际标准的约束。由于全球化的影响，我国劳动关系在主体结构、劳动标准、调整方式等方面，

开始出现了国际化的趋向,即劳动关系的存在和调整,已经不仅是一个国家的内部事务,而且直接受到国际经贸规则和国际劳工标准的影响,以及跨国公司管理惯例的制约。产业工会面临着在全球和地区性国际经贸组织中,就产业发展和劳动关系协调等,与各国劳、资、政组织进行多边协商,以维护本国产业职工权益的问题。

三、劳动关系管理的作用

劳动关系管理是指通过规范化、制度化的管理,使劳动关系双方(企业与员工)的行为得到规范,权益得到保障,维护稳定和谐的劳动关系,促使企业经营稳定运行。劳动关系之所以重要,除了因为它具有明确的法律内涵、受国家法律调控以外,还因为其在企业管理中具有关键的作用,是人力资源管理的一项重要职能。人力资源管理人员应该深刻理解劳动关系并能够正确处理劳动关系。做好劳动关系管理工作具有以下深刻的意义。

(一)可以避免矛盾激化的案件发生

劳动关系是否和谐稳定间接影响着社会关系的稳定程度。劳动争议的存在不仅是劳动关系管理工作不和谐的体现,同时如果处理得不合理,还可能会引发一系列的社会治安问题。劳动争议必须正确、公正、及时处理,这样才可能避免矛盾激化,减少恶性事件的发生率。因此,应注重劳动争议的处理,尽可能合理处理劳动争议案件,避免矛盾极端化。

(二)保证劳资双方的合法权益

劳动争议的案件大部分是因为劳动权利与义务产生的纠纷,大大降低了企业和劳动者之间的信任程度。劳资双方中不论任何一方侵犯对方权益、不全面履行相关义务与责任、违反国家规定都会使劳动关系的运行发生障碍。这不但影响了用人单位正常的生产经营秩序,损害企业的效益,同时也会影响劳动者及其直接抚养或赡养人的生活,从而影响社会的进步与稳定。合理及时地处理劳动争议,可以提高当事人的法治观念,保证劳资双方的合法权益。

(三)构建和谐社会的要求

增强劳动关系管理工作是构建和谐社会的要求。伴随市场化进程的不断发展,构建和谐社会就需要有稳定和谐的劳动关系。社会是文化、政治、经济诸多方面的统一体,是以物质生产为基础的人类生活共同体,是人与人在劳动过程中结成的各种关系的总和。在各种社会关系中，劳动关系是各种社会关系中最重要、最基本的关系，是一切社会关系的核心，因此，增强劳动关系管理工作是构建和谐社会的必然要求。

第二节 劳动合同

一、劳动合同的内容

2013年7月1日实施的修改后的《中华人民共和国劳动合同法》(以下简称《劳动合同法》)，进一步规范了劳动合同的订立、履行、变更和解除，加强了用人单位的法律责任。同时，也对用人单位的劳动合同管理提出了新的要求。

(一)劳动合同期限

《劳动合同法》第十二条规定，劳动合同分为固定期限劳动合同、无固定期限劳动合同和以完成一定工作任务为期限的劳动合同。第十九条规定，劳动合同期限三个月以上不满一年的，试用期不得超过一个月；劳动合同期限一年以上不满三年的，试用期不得超过二个月；三年以上固定期限和无固定期限的劳动合同，试用期不得超过六个月。同一用人单位与同一劳动者只能约定一次试用期。以完成一定工作任务为期限的劳动合同或者劳动合同期限不满三个月的，不得约定试用期。试用期包含在劳动合同期限内。劳动合同仅约定试用期的，试用期不成立，该期限为劳动合同期限。

(二)工作内容和工作地点

工作内容应明确员工在组织中从事的工作岗位、性质、工种以及应完成的任务，应达到的目标等，劳动者应事先对从事的工作做到心中有数。工作地点是劳动合同履行地，是劳动者从事劳动合同中所规定的工作内容的地点，劳动者有权在与用人单位建立劳动关系时知悉自己的工作地点。

(三)劳动保护和劳动条件

劳动保护是指用人单位为了防止劳动过程中的安全事故，减少职业危害，保障劳动者的生命安全和健康而采取的各种措施。劳动条件是指用人单位为保障劳动者履行劳动义务、完成工作任务而提供的必要物质和技术条件，如必要的劳动工具、机械设备、工作场地、技术资料等。

（四）劳动报酬和社会保险

劳动报酬是员工在付出一定劳动后的回报，组织应根据国家的法律法规，结合员工的实际工作，合理、定期地发放劳动报酬，劳动报酬有工资、奖金、津贴等形式。社会保险由国家成立的专门机构进行基金的筹集、管理及发放，不以营利为目的，一般包括医疗保险、养老保险、失业保险、工伤保险及生育保险。

（五）劳动纪律

劳动纪律是组织为了其正常的生产经营而建立的一种劳动规则，根据组织的实际情况，有工作时间纪律、生产纪律、保密纪律、防火纪律等，员工应自觉遵守组织制定的劳动纪律。

除了以上必备条款外，用人单位与劳动者双方还可以约定培训、竞业禁止、保守秘密、补充保险和福利待遇等其他事项。[①]

二、劳动合同变更

劳动合同的变更，是指劳动合同双方当事人就已经订立的合同条款达成修改与补充的法律行为。有两种形式：法定变更和协商变更。

（一）法定变更

法定变更是指在特殊情形下，劳动合同的变更并非因当事人自愿或同意，而是具有强制性。这些特殊情况都是由法律明文规定的，当事人必须变更劳动合同：一是由于不可抗力或社会紧急事件等，企业或劳动者无法履行原劳动合同，如地震、战争、台风、暴雪等不可抗力或恶劣天气等自然灾害。当这些情况出现时，双方当事人应当变更劳动合同的相关内容。二是法律法规制定或修改，导致劳动合同中的部分条款内容与之相悖而必须修改，如政府关于最低工资标准的调整，地方政府颁布的关于高温天气作业的劳动时间变化的规定等。用人单位与劳动者应当依法变更劳动合同中相应的内容，并按照法律法规的强制性规定执行。

法定变更还包括：①劳动者患病或者非因工负伤，在规定的医疗期满

①李贵卿．人力资源管理概论[M]．北京：科学出版社，2023.

后不能从事原工作，用人单位应当与劳动者协商后，另行安排适当的工作，并因此相应变更劳动合同的内容。②劳动者不能胜任工作，用人单位应当对其进行培训或者调整其工作岗位，使劳动者适应工作要求并相应变更劳动合同内容。③劳动合同订立时所依据的客观情况发生重大变化，致使原劳动合同无法履行的，用人单位应当与劳动者协商，就变更劳动合同达成协议。④因企业转产、重大技术革新或重大经营方式调整等企业内部经济情况发生变化的，用人单位应当与劳动者协商变更劳动合同。

（二）协商变更

1. 协商变更劳动合同内容的程序

《劳动合同法》第三十五条规定，用人单位与劳动者协商一致，可以变更劳动合同约定的内容。变更劳动合同，应采用书面的形式。变更后的劳动合同文本由用人单位和劳动者各执一份。协商变更劳动合同应遵循以下四个程序：①提出变更理由申请；②对方应及时回复；③协商一致后签订书面变更合同；④变更后书面合同各执一份保存。

2. 协商变更劳动合同需要注意的问题

根据《劳动合同法》及相关的法律法规，变更应当履行劳动合同订立的程序，但需要注意以下问题。

用人单位和劳动者均可能提出变更劳动合同的要求。提出变更要求的一方应及时告知对方变更劳动合同的理由、内容、条件等，另一方应及时作出答复，否则将导致一定的法律后果。

变更劳动合同应当采用书面形式。变更后的劳动合同仍然需要由劳动合同职工当事人签字、用人单位盖章且签字，方能生效。劳动合同变更书应由劳动合同双方各执一份，同时，对于劳动合同经过鉴证的，劳动合同变更书也应当履行相关手续。

对于特定的情况，不需办理劳动合同变更手续的，只需向劳动者说明情况即可。如用人单位名称、法定代表人、主要负责人或者投资人等事项发生变更的，则不需要办理变更手续，劳动关系双方当事人应当继续履行原合同的内容。

劳动合同变更应当及时进行。劳动合同变更必须在劳动合同生效之后、终止之前进行，用人单位和劳动者应当对劳动合同变更问题给予足够的重视，不能拖到劳动合同期满后进行。依照法律规定，劳动合同期满即行终止，那时便不存在劳动合同变更的问题了。

劳动合同变更的效力。劳动合同变更是对劳动合同内容的局部更改，如工作岗位、劳动报酬、工作地点等，一般来说都不是对劳动合同主体的变更。变更后的内容对于已经履行的部分往往不发生效力，仅对将来发生效力，同时，劳动合同未变更的部分，劳动合同双方还应当履行。

三、劳动合同解除

劳动合同的解除，是指劳动合同在订立以后，尚未履行完毕或者未全部履行以前，由于合同双方或者单方的法律行为导致双方当事人提前解除劳动关系的法律行为。可分为协商解除、劳动者单方解除和用人单位单方解除三种情况。

（一）协商解除劳动合同

协商解除劳动合同，是指用人单位与劳动者在完全自愿的情况下，互相协商，在彼此达成一致意见的基础上提前终止劳动合同的效力。

《劳动合同法》第三十六条规定，用人单位与劳动者协商一致，可以解除劳动合同。此为协商解除劳动合同，即双方当事人在合意的前提下，可以作出与原来合同内容不同的约定，这种约定可以是变更合同相关内容，也可以是解除劳动合同关系。双方当事人一旦就劳动合同的解除协商达成一致，并签订书面解除合同协议，就产生了双方劳动合同关系完结的法律效力。

劳动合同依法订立后，双方当事人必须履行合同义务，遵守合同的法律效力，任何一方不得因后悔或者难以履行而擅自解除劳动合同。但是，为了保障用人单位的用人自主权和劳动者劳动权的实现，规定在特定条件和程序下，用人单位与劳动者在协商一致且不违背国家利益和社会公共利益的情况下，可以解除劳动合同，但必须符合以下四个条件：①被解除的劳动合同是依法成立的有效的劳动合同；②解除劳动合同的行为必须是在被解除的劳动合同依法订立生效之后、尚未全部履行之前进行；③用人单位与劳动者均有权提出解除劳动合同的请求；④在双方自愿、平等协商的基础上达成一致意见，可以不受劳动合同中约定的终止条件的限制。

（二）劳动者单方解除劳动合同

劳动者与用人单位解除劳动合同，可以分为两种情况：一是由于劳动者自身的主观原因,想要提前解除劳动合同;二是用人单位的过错,而使劳动者不得不与之解除劳动合同的情况。

1. 由于劳动者自身的主观原因想要提前解除劳动合同

《劳动合同法》第三十七条规定,劳动者提前30日以书面形式通知用人单位,可以解除劳动合同。劳动者在试用期内提前3日通知用人单位,可以解除劳动合同。劳动者在行使解除劳动合同权利的同时,必须遵守法定的程序,主要体现在以下两个方面。

(1)遵守解除预告期

规定劳动合同的解除预告期是各国劳动立法的通行做法。劳动者在享有解除劳动合同权的同时,也应当遵守解除合同预告期,即应当提前30天通知用人单位才能有效,也就是说劳动者在书面通知用人单位后还应继续工作至少30天,这样便于用人单位及时安排人员接替其工作,保持劳动过程的连续性,确保正常的工作秩序,避免因解除劳动合同影响企业的生产经营活动,给用人单位造成不必要的损失。同时,这样也使劳动者解除劳动合同合法化。否则,将会构成违法解除劳动合同,而将可能承担赔偿责任。

(2)书面形式通知用人单位

无论是劳动者还是用人单位,在解除劳动合同时,都必须以书面形式告知对方。因为这一时间的确定直接关系到解除预告期的起算时间,也关系到劳动者的工资等利益,所以必须以慎重的方式来表达。《劳动合同法》第三十七条还对劳动者在试用期内与用人单位解除劳动合同作了规定。试用期内应提前3日通知用人单位,以便用人单位安排人员接替其工作。

如果劳动者违反法律法规规定的条件解除劳动合同,给用人单位造成经济损失的,还应当承担赔偿责任,劳动者提出解除劳动合同的,用人单位可以不给付经济补偿金。

2. 用人单位过错导致劳动者不得不提前解除劳动合同

《劳动合同法》第三十八条规定,用人单位有下列情形之一的,劳动者可以解除劳动合同。

未按照劳动合同约定提供劳动保护或者劳动条件的;未及时足额支付劳动报酬的;未依法为劳动者缴纳社会保险费的;用人单位的规章制度违反法律法规的规定,损害劳动者权益的;因本法第二十六条第一款规定的情形(用人单位以欺诈、胁迫的手段或者乘人之危,使对方在违背真实意思的情况下订立或者变更劳动合同的)致使劳动合同无效的;法律、行政法规规定劳动者可以解除劳动合同的其他情形。

用人单位以暴力、威胁或者非法限制人身自由的手段强迫劳动者劳动的,或者用人单位违章指挥、强令冒险作业危及劳动者人身安全的,劳动者可以立即解除劳动合同,不需事先告知用人单位。

特别解除权是劳动者无条件单方解除劳动合同的权利,是指如果出现了法定的事由,劳动者无须向用人单位预告就可通知用人单位解除劳动合同。由于劳动者行使特别解除权往往会给用人单位的正常生产经营带来很大的影响,法律或者立法者在平衡保护劳动者与企业合法利益基础上对此类情形作了具体的规定,只限于在用人单位有过错行为的情况下,允许劳动者行使特别解除权。

(三)用人单位单方解除劳动合同

《劳动合同法》在赋予劳动者单方解除权的同时,也赋予用人单位对劳动合同的单方解除权,以保障用人单位的用工自主权,但为了防止用人单位滥用解除权,随意与劳动者解除劳动合同,立法上严格限定企业与劳动者解除劳动合同的条件,以保护劳动者的劳动权。

禁止用人单位随意或武断地与劳动者解除劳动合同。劳动合同法中对用人单位单方解除劳动合同的问题,做了比较明确的规定。

1.因劳动者过错而解除劳动合同

《劳动合同法》第三十九条规定,劳动者有下列情形之一的,用人单位可以解除劳动合同:①在试用期间被证明不符合录用条件的;②严重违反用人单位的规章制度的;③严重失职,营私舞弊,给用人单位造成重大损害的;④劳动者同时与其他用人单位建立劳动关系,对完成本单位的工作任务造成严重影响,或者经用人单位提出,拒不改正的;⑤因本法第二十六条第一款规定的情形(劳动者以欺诈、胁迫的手段或者乘人之危,使对方在违背真实意思的情况下订立或者变更劳动合同的)致使劳动合同无效的;⑥被依法追究刑事责任的。

上述六种情况的劳动合同解除,均是因劳动者的过错造成的,所以,用人单位在解除劳动合同时,不需提前通知,也无须向劳动者支付解除劳动合同的补偿金。

2.劳动者无过失而解除劳动合同

《劳动合同法》第四十条规定，有下列情形之一的，用人单位提前三十日以书面形式通知劳动者本人或者额外支付劳动者一个月工资后，可以解除劳动合同。

劳动者患病或非因公负伤医疗期满后，不能从事原来的工作，也不能从事用人单位另行安排的工作；劳动者不能胜任工作，经过培训或者调整工作岗位，仍不能胜任工作的；劳动合同订立时所依据的客观情况发生重大变化，致使原劳动合同无法履行，经当事人双方协商一致达成协议的。

另外，当以下条件出现时，用人单位需要裁员，应向工会及全体员工说明，听取工会意见，向劳动管理部门报告。用人单位经济性裁员的两个条件包括：①用人单位濒临破产，进行法定整顿期间；②用人单位生产经营发生严重困难确需裁减人员。

3.用人单位不得解除劳动合同的规定

对于劳动者无过失而解除劳动合同的情形，《劳动合同法》第四十二条作了特别规定。劳动者有下列情形之一的，用人单位不得解除劳动合同。

从事接触职业病危害作业的劳动者未进行离岗前职业健康检查，或者疑似职业病病人在诊断或者医学观察期间的；在本单位患职业病或者因工负伤并被确认丧失或者部分丧失劳动能力的；患病或者非因公负伤，在规定的医疗期内的；女职工在孕期、产期、哺乳期的；在本单位连续工作满十五年，且距法定退休年龄不足五年的；法律、行政法规规定的其他情形。

四、劳动合同的终止

劳动合同终止是指劳动合同的法律效力依法被消灭，即劳动关系由于一定法律事实的出现而终结，劳动者与用人单位之间原有的权利义务不再存在。但是，劳动合同终止，原有的权利义务不再存在，并不是说劳动合同终止之前发生的权利义务关系消灭，而是说合同终止之后，双方不再执行原劳动合同中约定的事项，如用人单位在合同终止前拖欠劳动者工资的，劳动合同终止后劳动者仍可依法申请诉求。

（一）劳动合同终止与解除的区别

劳动合同终止与解除存在以下几方面的不同：第一，阶段不同。劳动合同终止是劳动合同关系的自然结束，而解除是劳动合同关系的提前结束。第二,结束劳动关系的条件都有约定条件和法定条件,但具体内容不同。劳动合同终止的条件中,约定条件主要是合同期满的情形,而法定条件主要是劳动者和用人单位主体资格的消灭。劳动合同解除的条件中,约定条件主要是协商一致解除合同情形,而法定条件是一些违法违纪违规等行为。第三,预见性不同。劳动合同终止一般是可以预见的,特别是劳动合同期满终止的,而劳动合同解除一般不可预见。

(二)劳动合同终止的条件

《劳动合同法》第四十四条规定,有下列情形之一的,劳动合同终止。

劳动合同期满的;劳动者开始依法享受基本养老保险待遇的;劳动者死亡,或者被人民法院宣告死亡或者宣告失踪的;用人单位被依法宣告破产的;用人单位被吊销营业执照、责令关闭、撤销或者用人单位决定提前解散的;法律、行政法规规定的其他情形。

五、无效劳动合同

无效劳动合同是指不受国家法律保护的、对用人单位和劳动者双方均无约束力的劳动合同。无效劳动合同有两种形式:一是合同无效,即该合同自订立之日起对双方就没有法律约束力;二是合同部分条款无效。其中无效的条款不受国家法律保护,有效条款仍具有法律效力。

(一)劳动合同无效的确认条件

以欺诈、胁迫的手段或者乘人之危,使对方在违背真实意思的情况下订立或者变更劳动合同。“欺诈”指一方当事人故意告知对方当事人虚假的情况,或故意隐瞒真实情况,诱使对方当事人做出错误意思表示的行为;“胁迫”指以给对方当事人生命健康、荣誉、名誉、财产等造成损害为要挟,迫使对方做出违背真实意思表示的行为;“乘人之危”指一方当事人乘对方处于危难之机,为谋取不正当利益,迫使对方做出不真实的意思表示,严重损害对方利益的行为。例如,用人单位在强迫劳动者交纳巨额集资款、风险金、培训费、保证金、抵押金等情况下签订的劳动合同;用人单位虚假承诺优厚的工作条件签订的劳动合同;劳动者伪造学历、履历或者提供其他虚假情况签订的劳动合同。

用人单位免除自己的法定责任、排除劳动者权利的合同。实践中,很多劳动合同是由用人单位提供的格式合同,其中可能包括对劳动者合法权利限制的内容。例如,约定劳动者自行负责工伤、职业病,规定劳动者在合同期限内不准恋爱、结婚、生育等违反劳动合同法和劳动安全保护制度等法律法规的条款。

违反法律、行政法规强制性规定的合同。主要有:一是主体资格不合法的劳动合同,如与童工签订的劳动合同,劳动合同期满后用人单位强迫劳动者续签的合同;二是内容不合法的劳动合同,如违反《中华人民共和国职业病防治法》和《中华人民共和国安全生产法》等法律法规条款,以及试用期超过6个月,不购买社会保险,设定无偿或不对价的竞业限制条件等条款的劳动合同;三是损害社会和第三人合法利益的劳动合同,如双方恶意串通,以合法形式掩盖非法目的的合同等,均为无效合同。

对劳动合同无效或部分条款无效有争议的,由劳动争议仲裁机构或者人民法院确认。

(二)劳动合同无效的法律后果

劳动合同无效的,劳动合同应该解除。劳动合同部分条款无效的,其他条款仍然有效。对无效劳动合同的处理,遵循“过错责任原则”,即由有过错的一方承担责任,如果给对方造成损失,还应负赔偿责任。具体有三种情况。

一是劳动者无过错。即导致劳动合同无效,不是由于劳动者的过错,而是其他客观或主观的原因,用人单位应该向劳动者支付经济补偿金;劳动者已付出劳动的,还应该向劳动者支付劳动报酬,其数额参照本单位相同或者相近岗位劳动者的劳动报酬确定。

二是用人单位的过错。用人单位的过错造成劳动合同无效的,用人单位应该按经济补偿金的两倍向劳动者支付赔偿金。对劳动者造成损害与损失的,按照《违反〈劳动法〉有关劳动合同规定的赔偿办法》补偿:其一,造成劳动者工资收入损失的,按劳动者本人应得工资收入交付给劳动者,并加付应得工资收入25%的赔偿费用;其二,造成劳动者劳动保护待遇损失的,应按国家规定补足劳动者的劳动保护津贴和用品;其三,造成劳动者工伤、医疗待遇损失的,除按国家规定为劳动者提供工伤、医疗待遇外,还应支付劳动者相当于医疗费用25%的赔偿费用;其四,造成女职工和未成年职工(年满十六周岁未满十八周岁)身体健康损害的,除按国家规定提供治疗期间的医疗待遇外,还应支付相当于其医疗费用25%的赔偿费用;其五,劳动合同约定的其他赔偿费用。

三是劳动者的过错。劳动者的过错造成劳动合同无效的,用人单位可随时解除劳动合同,不必支付经济补偿金。劳动者给用人单位造成损失的,也应该按照《违反〈劳动法〉有关劳动合同规定的赔偿办法》的规定赔偿下列损失:用人单位招收录用其所支付的费用;用人单位为其支付的培训费用,双方另有约定的按约定办理;对生产、经管和工作造成的直接经济损失;劳动合同约定的其他赔偿费用。

除上面三种情形以外导致劳动合同无效的,可以依照当事人的过错大小以及造成的实际损失,由当事人协商,或者交由劳动合同仲裁机构和人民法院依法裁量。

第三节 集体合同与集体谈判

一、集体合同

(一)集体合同的概念

集体合同,也称团体协议、集体协议,是企业职工与用人单位双方根据法律法规的规定,就双方的权利、义务在平等协商一致的基础上订立的书面协议。集体合同由工会代表企业职工一方与用人单位订立,尚未建立工会的用人单位,由上级工会指导劳动者推举的代表与用人单位订立。

1. 集体合同与劳动合同的区别

集体合同与劳动合同联系密切。集体合同与劳动合同都是关于劳动关系方面的协议,规定的都是劳动者与用人单位在劳动关系中相互的权利和义务。集体合同与劳动合同的共性是都要遵循平等自愿、协商一致和内容合法等基本原则。但是,两者也有明显的区别。

(1)主体不同

集体合同的主体一方是企业,另一方是工会或职工代表,所以称为团体协议,或集体协议。劳动合同的主体一方是用人单位,另一方是劳动者个人,所以劳动合同也称为个体劳动协议。

(2)目的不同

集体合同的直接目的是规定本单位职工的一般劳动条件,改善劳动关系;劳动合同的直接目的是确立双方的劳动关系,明确用人单位与劳动者双方的权利和义务。

(3)内容不同

集体合同所规定的内容具有普遍适用性的特点,包括职工集体的劳动报酬、工作时间、休息休假、劳动安全卫生和保险福利等,规范的是整个企业劳动关系双方的权利和义务;劳动合同所规定的劳动关系是劳动者个人与用人单位之间的权利与义务,合同内容只涉及单个劳动者的劳动条件和福利待遇,其适用范围具有特定性。

(4)产生的方式不同

集体合同的内容要代表大多数职工的意见,签订集体合同前需要先拟订合同草案,合同草案要经过职工代表大会,没有建立职工代表大会的中小企业要经过全体职工讨论,大多数代表(或者大多数职工)同意后才能签订。劳动合同由职工个人同企业协商一致后就形成了。集体合同的订立是双方的合意,是任意性而不是强制性的规范,双方可以订立集体合同,也可以不签订集体合同,不签订集体合同并不违法。

(5)生效时间不同

集体合同不是双方签字即可生效,而是经过政府认可才生效。订立后,应当报送劳动和社会保障局,劳动和社会保障局自收到集体合同文本之日起15日内未提出异议的,该集体合同才产生法律效力。劳动合同一经依法签订,即产生法律效力。

(6)效力不同

依法签订的集体合同对用人单位和劳动者都具有约束力。行业性、区域性集体合同对当地本行业、本区域的用人单位和劳动者具有约束力,而劳动合同只对劳动者个人和用人单位有效。个人与企业订立的劳动合同中,劳动条件和劳动报酬等标准不得低于集体合同的规定,集体合同的法律效力高于劳动合同的法律效力。

(7)期限不同

集体合同的期限多以一年为限,最长不得超过三年。劳动合同的期限分为固定期限、无固定期限和以完成一定任务为期限的三种形式。即使有固定期限的劳动合同，我国法律也未作期限上的限制，完全由双方当事人自愿协商订立。[①]

2. 集体合同的内容

集体合同的内容是指在集体合同中明确规定的双方当事人的权利义务条款。它是职工集体劳动权益的体现。

集体合同的内容应包括以下几个方面：劳动报酬；工作时间；休息休假；保险福利；劳动安全与卫生；职业培训；合同期限；变更、解除、终止集体合同的协商程序；双方履行集体合同的权利和义务；履行集体合同发生争议时协商处理的约定；违反集体合同的责任；双方认为应当协商约定的其他内容。

3. 集体合同对劳动合同的效力

集体合同中劳动报酬和劳动条件等标准不得低于当地人民政府规定的最低标准；用人单位与劳动者订立的劳动合同中的劳动报酬和劳动条件等标准不得低于集体合同规定的标准。同时，在集体合同中有规定而劳动合同未作规定或规定不明确时，可视集体合同的规定为劳动合同内容的当然补充。

（二）集体合同的订立、履行、变更和终止

1. 集体合同的订立

集体合同的订立是指企事业单位工会代表职工与企事业单位或雇主之间，为规定职工集体劳动条件，依法就集体合同条款经过协商一致，建立集体合同关系的法律行为。

订立集体合同应当遵循合法、协商一致、当事人地位平等的原则。合同的双方应及时以适当的形式向各自代表的全体成员公布已生效的集体合同。

2. 集体合同的履行

集体合同的履行是指集体合同依法生效后，双方当事人按照合同约定履行自己应承担的义务行为。

履行集体合同应当坚持实际履行、全面履行和协作履行的原则，针对不同的合同条款采取不同的履行方式。

---

①刘书生，陈莹，王美佳，等. 人力资源管理数据分析[M]. 北京：中国商业出版社，2023.

3. 集体合同的变更

集体合同的变更是指已经生效的集体合同在尚未履行完毕之前,因订立集体合同所依据的主客观情况发生变化,当事人依照法律规定的程序对原合同条款所做的修改或补充。

作为集体合同变更的主、客观情况主要有以下五种:①订立集体合同所依据的劳动法律法规和政策被修改或废止。②企业停产、兼并、转让,使集体合同无法完全履行。③因发生不可抗力因素,如战争、灾害等,使集体合同无法履行。④双方约定的变更集体合同的条件出现。⑤其他需要变更集体合同的情况出现。

4. 集体合同的终止

集体合同的终止是指因某种法律事实的发生而导致集体合同法律关系消灭。集体合同期限届满、集体合同主体一方资格消灭、集体合同主体双方约定的终止条件出现,集体合同即行终止。

二、集体谈判

(一)集体谈判的概念

集体谈判是员工以工会这种团体形式和资方就工作条件和工作关系进行交涉的过程,其目的是希望劳资双方能够在一个较平等的情况下确立劳动关系,以保障劳动者应有的权益。在我国,通常将"集体谈判"表述为"集体协商",协商一方是企业工会或职工代表,另一方是相应的企业代表。

集体谈判的主题和内容包括:确定工作条件和就业条件;调整雇主与工人之间的关系;调整雇主组织与工人组织之间的关系。谈判结果具有法律约束力,集体谈判的最终结果是形成集体合同。

(二)集体谈判的意义

集体谈判的意义是双重的,对员工来讲,通过集体行动,可以有效抑制雇主一些不合理的、侵犯劳动者利益的行为发生,为劳动者争得平等的地位、必要的劳动条件和基本的生活保障等一些合法权益。对雇主来讲,通过谈判的方式可以加强劳资双方的沟通与合作,促进劳动关系的稳定,推动企业目标的实现和企业效益的提高。

市场经济条件下,集体谈判不是解决劳资冲突的唯一有效方式,因为劳资之间的对立与冲突是不可能根除的。集体谈判的双方都有强制力量和破坏方式做后盾。对工人来说，若集体谈判不成功，工会会以罢工作为最后的解决手段；对雇主来说，若某些谈判条件没有满足，也会以停工和对工人代表施加压力相要挟。

（三）集体谈判活动的主体

企业集体谈判的主体是企业主或企业主组织与工会双方。他们都必须是依法登记注册的具有法人资格的合法组织。如果企业里没有工会或会员只占少数时，则由工人选举产生谈判代表。为了开展谈判活动，企业主和工会要各自成立谈判组织机构，分为临时性和常设性两种。企业主的谈判组织一般由企业主本人或其代理人、主管人事的部门负责人和法律顾问组成。工会的谈判组织通常由主要工会领导人或几个工会推举的领导人、工会部门的谈判负责人、工人代表和法律顾问组成，有时上级产业或地方工会也会派代表给予指导。工会谈判组织成员应该熟悉企业情况，与群众有广泛联系，并且公正廉洁，有谈判才能。

工会和企业主都依法有权建议举行谈判，并要以书面形式通知对方。在一方提出谈判建议后，另一方应在规定的期限内（一般是 7 ~ 15 日）接受该建议并开始谈判。如果无故拒绝、拖延或逃避谈判，将受到法律处罚。

谈判的倡议方要提出举行谈判的理由、内容、要求和议案，包括对原有集体合同修改的建议等。如果工会方主动提出谈判建议，其代表应事先调查了解国内和当地的政治经济形势、企业的经营状况、福利保障和劳动保护状况以及职工的要求等，还要研究原合同的执行情况。同时要准备谈判需要的统计数字和资料等。许多国家工会的实践表明，其谈判代表掌握的信息和情况越具体、准确，就越能掌握谈判的主动权，提出的要求也越有说服力。

（四）集体谈判的过程

集体谈判是劳资双方为了各自利益讨价还价的过程，也是双方协调各自内部意见的过程。双方都会在坚持各自基本要求的情况下努力寻求共同点和争取对自己最有利的结果。

实践表明，谈判的成败在很大程度上取决于整体经济形势、双方力量的对比和参与者的谈判技巧等。谈判的结果既应有利于企业的发展，又能满足职工的合法要求。为了争取谈判的成功和避免损害劳资合作的基础，双方在谈判中都应遵循有关法律的规定和协商一致的原则。因此谈判对双方代表的综合素质要求很高，他们既应了解情况和熟悉法规，又要善于运用谈判策略和技巧。

第四节 劳动争议

一、劳动争议的概念与范围

（一）劳动争议的概念

劳动争议又称劳动纠纷，是指劳动关系当事人之间关于劳动权利和劳动义务发生的争执和纠纷。劳动争议具有以下特征：①劳动争议的当事人是特定的。劳动争议的主体是彼此存在劳动关系的用人单位和劳动者。用人单位是具有用人权利和行为能力的经济组织或个人，劳动者是依法与用人单位确立劳动关系的具有劳动权利和行为能力的劳动者。②劳动争议的范围是限定的。劳动争议以劳动法律关系为前提，只有在用人单位与劳动者在劳动过程中涉及劳动权利和义务的问题，才能产生劳动争议。劳动争议的范围限定在法律规定的范围之内。只要属于法律规定范围内的劳动争议，当事人均可向当地的劳动争议仲裁委员会申诉。③劳动争议的影响是较大的。劳动争议具有不同于民事争议和其他争议的表现形式，如罢工等突发事件，不仅给生产造成损害，还会影响社会安定。因此，劳动争议常常被作为社会问题，由专门法律政策和机构加以调整。[①]

（二）劳动争议的范围

劳动争议的范围视国家不同而有所区别。《中华人民共和国劳动争议调解仲裁法》（以下简称《劳动争议调解仲裁法》）第二条规定了我国劳动争议的范围：①因确认劳动关系发生的争议；②因订立、履行、变更、解除和终止劳动合同发生的争议；③因除名、辞退和辞职、离职发生的争议；

①韩平．创业企业人力资源管理[M]．西安：西安交通大学出版社，2023.

④因工作时间、休息休假、社会保险、福利、培训以及劳动保护发生的争议；⑤因劳动报酬、工伤医疗费、经济补偿或者赔偿金等发生的争议；⑥法律、法规规定的其他劳动争议。

二、劳动争议处理的基本原则

劳动争议处理的基本原则是劳动法律关于劳动争议处理的基本指导思想。解决劳动争议，应当遵循合法、公正、及时处理、着重调解和依法保护劳动争议当事人合法权益的原则。

（一）合法性原则

合法性原则是指劳动争议处理机构必须严格依照法律规定处理劳动争议的原则。依法是指依照宪法、劳动法律和法规的相关规定，劳动合同或集体合同中的有效约定以及对相关当事人有约束力的合法的企业内部劳动规章制度。劳动争议处理机构应当对劳动争议的起因、发展和现状进行深入、仔细的调查，以事实为依据，严格依照法律规定来处理劳动争议。

（二）公正性原则

公正性原则是指在处理劳动争议时，当事人在适用法律上一律平等的原则。劳动争议机构应站在公正的立场上，秉公执法，不得袒护或歧视任何一方，保证争议双方当事人处于平等的法律地位，具有平等的权利和义务。

（三）及时性原则

及时性原则是指劳动争议处理机构受理劳动争议案件后，应当在法律法规规定的时限内迅速处理结案，防止久拖不决的原则。劳动争议案件具有特殊性，关系劳动者的就业、劳动条件、报酬待遇、社会保险福利等切身利益问题，如不及时迅速地进行处理，势必影响劳动者的生活和企业的生产经营秩序，甚至可能引发突发事件，影响社会稳定和公众利益。及时处理原则主要体现在以下两个方面。

第一，迅速调解。劳动争议发生后先由用人单位内部设立的劳动争议调解委员会调解，以防止事态扩大。

第二，时效期规定。根据《劳动争议调解仲裁法》的规定，仲裁裁决一般应当自劳动争议仲裁委员会受理仲裁申请之日起45日内结束。案情复杂需要延期的，经劳动争议仲裁委员会主任批准，可以延期并书面通知当事人，但是延长期限不得超过15日。劳动争议调解当事人对仲裁裁决不服的，可以自收到仲裁裁决之日起15日内向人民法院提起诉讼。

（四）着重调解原则

着重调解原则是指发生劳动争议后，应当首先考虑通过调解的方式解决争议的原则。当事人可以到下列调解组织申请调解：①企业劳动争议调解委员会。②依法设立的基层人民调解组织。③在乡镇、街道设立的具有劳动争议调解职能的组织。

调解劳动争议时，应当充分听取双方当事人对事实和理由的陈述，耐心疏导，帮助其达成协议。

（五）依法保护当事人合法权益原则

劳动争议的调解，应从维护双方当事人的合法权益出发，依法公正地协商解决争议事项。经调解达成协议的，调解协议书对双方当事人具有约束力，当事人应当履行。达成调解协议后，一方当事人在协议约定期限内不履行调解协议的；另一方当事人可以依法申请仲裁，也可以依法向人民法院提起诉讼。

三、劳动争议的处理程序

依据我国法律法规的有关规定，劳动争议发生后，当事人应当协商解决；不愿协商或者协商不成的，可以向本企业劳动争议调解委员会申请调解；调解不成的，可以向劳动争议仲裁委员会申请仲裁，当事人也可以直接向劳动争议仲裁委员会申请仲裁。对仲裁裁决不服的，可以向人民法院起诉。其中，协商是劳动争议双方当事人在自愿的基础上进行协商、达成协议、解决纠纷。协商解决有利于双方的团结，有利于节约时间成本。

（一）劳动争议的调解

1.劳动争议调解的概念

劳动争议调解是指调解委员会对用人单位与劳动者之间发生的劳动争议，在查明事实、分清是非、明确责任的基础上，依照国家劳动法律法规以及依法制定的企业规章和劳动合同，通过民主协商的方式，推动双方互谅互让，达成协议，消除纷争的一种活动。

2.劳动争议调解的机构

劳动争议调解委员会是进行调解工作的机构。企业可以设立劳动争议调解委员会，负责调解本企业发生的劳动争议。企业劳动争议调解委员会由职工代表和企业代表组成。职工代表由工会成员担任或者由全体职工推举产生，企业代表由企业负责人指定。企业劳动争议调解委员会主任由工会成员或者双方推举的人员担任。

3. 劳动争议调解的原则

(1)自愿原则

劳动争议调解委员会应当依照法律法规，遵循双方当事人自愿原则进行调解。即申请调解自愿，实施调解自愿，和解自愿，履行和解协议自愿。

(2)合法、合理、合情原则

劳动争议调解委员会需要处理好法律与情理的关系，即调解的受理要以国家法律为依据，调解的过程要坚持对当事人双方陈之以法、动之以情、晓之以理。

4. 企业劳动争议调解范围

企业劳动争议调解委员会主要调解的劳动争议有因职工辞职、自动离职发生的争议；因履行劳动合同发生的争议；因工作时间和休息休假、工资、劳动安全卫生、女职工和未成年职工特殊保护以及职业培训、社会保险和福利发生的争议；法律法规规定应予调解的其他劳动争议。

(二)劳动争议的仲裁

1. 劳动争议仲裁的概念

劳动争议仲裁是指劳动争议仲裁委员会就用人单位与劳动者之间发生的劳动争议，在查明事实、分清是非、明确责任的基础上，依法做出的裁决活动。

2. 劳动争议仲裁的原则

根据劳动法律法规的规定，劳动争议仲裁应当遵循下列原则。

(1)及时处理原则

及时处理原则要求劳动争议仲裁委员会在处理案件时，应先调解，调解不成再裁决；仲裁委员会应及时受理案件，及时进行调解、仲裁；按照《中华人民共和国劳动争议调解仲裁法》的规定，劳动争议申请仲裁的时效期间为一年。仲裁时效期间从当事人知道或者应当知道其权利被侵害之日起计算。劳动争议仲裁委员会收到仲裁申请之日起5日内应予受理，对不符合受理条件的应书面通知申请人不予受理，并说明理由。逾期未作出仲裁裁决的，当事人可以就该劳动争议事项向人民法院提起诉讼。

(2)独立办案原则

独立办案，即劳动争议仲裁委员会处理劳动争议案件具有独立性，不受任何人和组织的干预。根据这一原则，外国籍劳动者在我国境内就业时发生的劳动争议(法律法规另有规定的除外)，依法接受我国劳动争议仲裁机构裁决。人民政府对仲裁委员会办案不进行行政干预。劳动争议仲裁机构的仲裁行为不受人民法院直接制约。

(3)一次裁决原则

劳动争议仲裁实行一个裁级一次裁决制度。一次裁决制度使劳动争议的仲裁与企业调解和人民法院诉讼有机结合起来，既方便当事人，也有利于迅速结案，使劳动争议得到及时解决。

(4)回避原则

仲裁委员会组成人员或者仲裁员有下列情形之一的，应当回避：劳动争议当事人或者当事人近亲属的；与劳动争议有利害关系的；与劳动争议当事人有其他关系，可能影响公正仲裁的。仲裁委员会组成人员或者仲裁员也可以主动提出回避。回避原则是保证案件客观、公正裁决的重要条件。

3. 仲裁案件的受理范围

根据有关法律规定，劳动争议仲裁委员会受理劳动争议案件的范围包括发生争议后，当事人一方直接向仲裁委员会申请仲裁的；发生争议后，当事人向本单位劳动争议调解委员会申请调解，调解不成的；发生争议后，本单位没有劳动争议调解委员会的。凡属上述情况，又符合法律规定受案范围的劳动争议，双方当事人都可以向劳动争议仲裁委员会申请仲裁。

4. 仲裁的程序和期限

根据劳动法律法规的规定，劳动争议仲裁的程序有以下三个步骤。

第一步，申请与受理。申请与受理即由劳动争议当事人提出仲裁申请，劳动争议委员会按照相关法律规定决定是否受理，并给予答复。

第二步，仲裁准备。劳动争议仲裁委员会裁决劳动争议案件实行仲裁庭制。仲裁庭由3名仲裁员组成，设首席仲裁员。简单劳动争议案件可以由一名仲裁员独任仲裁。仲裁庭成立后，应当认真审阅案卷，掌握争议焦点，收集证据，弄清事实。对需要勘验或鉴定的问题应交由法定部门勘验或鉴定，仲裁庭成员根据调查的事实和劳动法律法规的规定拟订处理方案。

第三步，开庭仲裁。开庭仲裁的步骤包括通知、调解和裁决。

（三）劳动争议的诉讼

1. 劳动争议诉讼的概念

劳动争议诉讼是指劳动争议当事人不服劳动争议仲裁委员会的裁决，在规定的期限内向人民法院起诉，人民法院依照民事诉讼程序，依法对劳动争议案件进行审理的过程。

劳动争议诉讼是处理劳动争议的最终程序，人民法院参与处理劳动争议，从根本上将劳动争议处理工作纳入法治轨道，有利于保障当事人的诉讼权利，有利于监督仲裁委员会的裁决，也有利于生效的调解协议、仲裁裁决和法院判决的执行。

2. 劳动争议诉讼的原则

人民法院审理劳动争议案件遵循司法审判中的一般诉讼原则。人民法院在审理劳动争议案件时，应按照自愿和合法的原则进行调解，调解不成的，应及时判决。人民法院审理劳动争议案件，实行合议、回避、公开审判和两审终审制度。

3. 劳动争议诉讼的程序

人民法院审理劳动争议案件，适用《中华人民共和国民事诉讼法》规定的诉讼程序，包括劳动争议案件的起诉与受理、调查取证、调解、审判和执行等程序。这里的调解与企业劳动争议调解委员会的调解不同，它是诉讼中的一个程序，调解成功，同样具有法律效力。

参考文献

[1] 范利红.薪酬激励制度在企业人力资源管理中的应用探究[J].商展经济,2024(11):169-172.

[2] 韩平.创业企业人力资源管理[M].西安:西安交通大学出版社,2023.

[3] 韩婷.全面预算管理在企业财务管理中的运用[J].中国集体经济,2024(17):173-176.

[4] 姜梦萍.用“薪”激励更要用“心”激励[J].人力资源,2024(11):94-95.

[5] 靳娟.数字化人力资源管理[M].北京:首都经济贸易大学出版社,2024.

[6] 经洪斌.企业人力资源管理实务[M].南京:江苏人民出版社,2024.

[7] 李贵卿.人力资源管理概论[M].北京:科学出版社,2023.

[8] 李继红,王振荣,刘金辉.知识经济时代下的人力资源管理研究[M].北京:中国商务出版社,2023.

[9] 李丽娟.探寻薪酬管理体系的最优解[J].人力资源,2024(11):86-87.

[10] 李霞.现代人力资源管理及其新发展[M].长春:吉林摄影出版社,2024.

[11] 李小洁.现代人力资源管理研究[M].北京:中国财富出版社,2024.

[12] 林丽琼,许皓,张云.人力资源管理理论与实践创新研究[M].北京:中国书籍出版社,2024.

[14] 刘书生,陈莹,王美佳,等.人力资源管理数据分析[M].北京:中国商业出版社,2023.

[15] 鲁鸿.探究中小企业员工职业生涯管理现状与对策[J].东方企业文化,2023(增刊2):83-85.

[16] 倪春丽,刘贻新.人力资源管理[M].北京:高等教育出版社,2024.

[17] 宋佼佼.企业战略管理与人力资源管理的融合关系分析[J].中国集体经济,2024(17):120-123.

[18] 王木.企业人力资源管理中薪酬与绩效管理的作用[J].中国集体经济,2024(15):109-112.

[19] 王巧萍.人力资源劳动就业培训效果的提升研究[J].今日财富,2024(18):116-118.

[20] 吴艳华.企业管理与人力资源建设研究[M].北京:中国商务出版社,2023.

[21] 吴增涛,杨俊玲,张宏宇.人力资源管理与企业经营管理的融合发 展研究[M].北京:中华工商联合出版社,2024.

[22] 徐明霞,唐玉洁.数智化人力资源管理[M].大连:大连理工大学出版社,2024.

[23] 许志星.数字人力资源管理[M].北京:北京师范大学出版社,2024.

[24] 续进.浅析中小企业培训存在的问题及对策[J].市场周刊,2024,37(14):179-182.

[25] 杨园.当代人力资源管理创新实践研究[M].北京:北京工业大学出版社,2023.

[26] 叶晟婷.企业人力资源管理实务操作教程[M].杭州:浙江大学出版 社,2024.

[27] 张小峰,吴婷婷.战略人力资源管理架构[M].北京:中国人民大学出版社,2024.

[28] 赵滨,李琳,李新龙.经济管理与人力资源管理研究[M].北京:中国商务出版社,2023.

[29] 周丽,王珏珽,朱王海,等.数据科技人力资源管理[M].武汉:武汉大学出版社,2023.